白先勇・廖彥博 合著

悲歡離合四十年

白崇禧與蔣介石

台灣歲月。

目錄

第一章

向歷史交代──與中華民國共存亡

【前言】

父親白崇禧將軍（一八九三——一九六六）生長在十九世紀末，二十世紀初，大清帝國分崩離析，革命火焰處處燃燒的狂飆時代，父親少年在陸軍小學便受到國父孫中山推翻滿清，建立共和革命思想的啟發。一九一一年辛亥革命，父親十八歲參加「廣西學生軍敢死隊」北上，投身武昌起義，親眼見證了亞洲第一個共和國——中華民國的誕生。從此，父親對民國便堅持著一份血肉相連，牢不可破的革命感情。

民國十五年北伐，父親應蔣介石力邀，出任國民革命軍參謀長兼東路軍前敵總指揮；民國十七年，父親率領第四集團軍直入北京，推翻北洋政府，父親時年三十五歲，最後完成北伐，統一中國，有「從鎮南關打到山海關」之說。民國二十六年，抗戰軍興，蔣介石再度邀請父親共同抗日，父親第一個響應蔣委員長的號召，八月四日飛南京，出任副總參謀長，直奔前線參加八一三上海保衛戰。抗戰重大戰役如徐州會戰台兒莊大捷、武漢保衛戰、桂南會戰崑崙關大捷、桂柳會戰等，重大戰爭無役不與，擔負指揮重責。戰後父親出任國防部長，後調任華中剿總司令，國共內戰，與林彪軍隊揪鬥，從一九四六年在東北四平街一役大勝林彪，至一九四九年，退到廣西，桂軍與林彪四野戰到最後一兵一卒。十二月三日，父親隻身從南寧飛到海口，從此離開大陸。

縱觀父親一生，他為了保衛民國，奉獻了他所有的才智，盡到他最後的努力。然而天意難違，孫中山一九一一年創立的民國，三十八年後在大陸上終究土崩瓦解，至於覆滅，中華民國的領土，只剩下海外台灣一隅。國破家亡，擺在父親面前只有兩條路的選擇：一是滯留海外，不少桂系將領居留香港，或如李宗仁遠赴美國，再如一些回教將領，避走中東回教國家。第二條路是入台灣，向國民政府歸隊報到。父親選擇了後者。

從一九四九年十二月三日父親離開廣西南寧至海口，至十二月三十日決定入台，中間在海南島二十七天，恐怕是父親一生中最倉皇、最焦心、最慘烈的日子了。

抗戰八年，國軍奮勇禦敵，血肉長城，犧牲慘重，三百萬官兵戰死沙場，才贏得勝利。戰後國軍與共軍的比例是五比一，國軍有美式配備，有海空軍，但無人料到，這支有八年對日抗戰經驗的軍隊，竟在短短不到四年的光景，被以游擊戰起家的共軍擊垮。最後父親孤軍奮戰，率領華中剩餘部隊退回廣西，預備在家鄉與共軍生死一搏，五個兵團中以第三張淦兵團及第十徐啟明兵團為桂軍主力，可是此時大勢已去，軍心渙散，兵團被共軍一一攻破，張淦被俘，徐啟明亦被俘，後化裝平民逃出。桂軍在北伐時第七軍有「鋼軍」之稱，叱吒風雲，屢建奇功。抗戰時期，廣西出兵一百萬，桂軍的廣西子弟，為國壯烈犧牲，可歌可泣。這支有過光榮戰績歷史的軍隊，最後回到廣西，竟被共軍擊潰，至於覆亡。

父親赴海口第二天，十二月四日當晚便上軍艦開出龍門港，並請海南行政長官陳濟

上將威儀
父親白崇禧將軍攝於台灣五〇年代。

棠集中所有可動用的船隻，預備接應從欽州、防城逃出來的桂軍到海口。父親在龍門港海外軍艦上苦等了四日，可是能逃出來上船的部隊只剩寥寥無幾，父親得到的消息是最後從欽州、防城逃走的徐啟明部大都為共軍衝散俘虜。至此，父親麾下的廣西子弟兵，可謂全軍覆沒。十二月九日晚，父親乘艦返海口，這恐怕是他一生心中最沉痛、最悽愴的一刻。李宗仁的機要秘書梁升俊這時在海口見到父親：「分別不及一月，白氏前後判若兩人。當華中部仍布防桂林一帶時，我由香港赴桂，和白將軍朝夕相見，那時共軍已逼近省境，局勢十分緊張，但白氏依然春風滿面，處之泰然。這次見面，不獨形容憔悴，兩眼無神，精神渙散，聲語低沉，一看便知是失意而歸了」。[1]廣西省主席黃旭初也從南寧到達海口，父親每天與他都有會議或晤談，「凡商討的都屬當前軍國要事，全不及私。節時大雪，風候蕭索，雄師喪亡，政海生波，大家的心情是極端苦悶的」[2]，父親與舊日廣西同僚，在海口劫後重逢，此時此地，大家真是情何以堪。即使父親身處絕境，他念茲在茲的還是他餘留在大陸的殘部。華中部隊黃杰第一兵團還有四萬多人退入了越南，父親便叮囑黃旭初赴越為那些敗退殘部籌生活的照顧和善後安排。黃旭初設法申請入越，始終不得法國方面的允許。黃杰部隊一入越南，便被法軍繳了械，軟禁到富國島上，直到一九五三年才陸續返台。

十二月十日陸軍副總司令羅奇和前上海市長陳良飛抵海口。羅奇是黃埔軍校二期學生，廣西容縣人。羅奇屬中央軍嫡系，效忠蔣介石，是蔣介石派出的專使，帶來蔣給白的一封信，「要白即去台北，共商大局」。程思遠在《政海秘辛》中還說「蔣要白去台當行政院長」[3]。父親在訪問錄中極力否認，絕無此事。

一九四九年十二月三十日，父親由海口飛抵台北，據他自己的說法是「向歷史交代」，亦即是：與中華民國共存亡。台灣當時正處在風雨飄搖的局面，中共大軍集結福建，隨時準備渡海；韓戰未起，美國已發表白皮書，不再介入國共內戰，台灣的處境，危若纍卵。不少廣西同僚故舊爭相勸阻父親入台，他們警告：蔣介石對桂系餘恨未消，貿然入台，恐對父親不利。父親與蔣相處二十餘年，很長一段時間是他的軍事幕僚長，對蔣的為人心胸，當然有一定的了解。但父親一生一向把國家利益放在第一位，個人恩怨，並不在意，他與蔣之間的衝突，多是為了軍事戰略的意見不同，即使「亥敬」、「亥全」兩封電報也是為了當時國民政府搖搖欲墜，國軍全面崩潰在即，能夠請出美國來調停，隔江而治，是唯一紓解危機的辦法，所以父親才「不避斧鉞」犯顏直諫。父親對蔣介石總統，心中是坦然的。他認為自己一切的作為都為了國家的存亡，他打了一輩子的仗，也就在保衛民國。此刻台灣是最後的反共基地，父親入台，就是希望以他的軍事長才，替反攻復國的大業盡一己之力。

❶ 梁升俊，《蔣李鬥爭內幕》（香港：亞聯出版社，1954年），頁196。

❷ 黃旭初，《黃旭初回憶錄——廣西前三傑：李宗仁、白崇禧、黃紹竑》（台北：獨立作家，2015年），頁237。

❸ 程思遠，《政海秘辛》（香港：南粵出版社，1988年），頁229。

父親在台灣雖然受到各種政治打壓，但從未懷憂喪志，在逆境中仍一秉其樂觀進取，知其不可而為之的儒家精神。

第二章

蔣介石復行視事 蔣、李鬥爭繼續燃燒

蔣介石急著要父親赴台，他的動機就比較複雜了。國府遷台，擺在蔣面前最重要的事就是恢復總統職位，才能名正言順指揮軍政。但李宗仁卻以代總統的身分飛去了美國，李宗仁不肯辭去代總統，蔣在台復職就是違憲。據程思遠的分析，蔣召白赴台，意在利用白對李的影響力，要白對李宗仁施加壓力，辭代總統職位。❶

事實上父親對於李宗仁在國軍全面崩潰前夕，對黨國人民不做交代，逕自飛往美國，曾經強力反對。李、白二人長期合作無間的關係，至此，已開始有了分歧。甚至到了海口，父親仍發電報給在美國的李宗仁，並說明李目前只有三種可能選擇：甲、李病癒後（李在美動開胃手術），辭代總統，蔣復職。乙、病癒即回國，願效林子超（林森任國府主席只是一個傀儡），蔣不必復職。丙、「病癒不辭又不返對德公最為不利。」❷

可是李宗仁偏偏卻選擇了第三條，而且他還通過他的英文秘書甘介侯安排以代總統身分去見杜魯門，日期定在一九五〇年三月二日，杜魯門中午在白宮宴請李宗仁。杜魯

❶ 程思遠，《白崇禧傳》，（香港：南粵出版社，1989 年），頁 320-321。
❷ 程思遠，《白崇禧傳》，頁 321。

門接待李宗仁的消息傳到台北，蔣介石大為震驚，趕在三月一日搶在杜、李會面前「復行視事」，復職總統，造成既成事實，迫使杜魯門不能以總統地位接待李宗仁。李宗仁三月二日赴白宮，晤見杜魯門，杜魯門竟稱李Mr. President，總統先生，連代字也沒有了。宴後杜與李密談約二小時。第二天，杜魯門開記者招待會，記者問以何種地位招待李將軍，杜總統答稱：「我以代總統地位邀請之，我以代總統地位招待之」，記者又問：「蔣介石豈非已復任總統乎？」杜當即說「我與他並無往來。」此項談話紐約《前鋒論壇報》及各報均有刊載。❸父親知道蔣介石定於三月一日發表復職文告，遂立即電李宗仁：「**望公不持反對態度，以期留有餘地。**」未料李宗仁三月一日下午即對美國記者發表談話，指責蔣介石復職「違憲毀法」。至此，蔣、李絕裂，遂無彌縫的可能。❹

蔣、李之間的心結，其來有自，遠的不說，李宗仁當上代總統後，蔣其實退而未休，軍政財政情治還是一把抓，李宗仁處處捉襟見肘，在他的回憶錄裡，有一段話充分表露他對蔣的不滿：

> 我不願勸進的原因，並非對名位有何戀棧。我只是覺得，第一，蔣先生欺人太甚。我原勸他不應灰心引退，我本人尤堅決表示不願出任總統，他迫我為之。在我任內，他卻又處處在幕後操縱，並將國庫金銀擅運台北。先縱敵渡江，後瓦解湘、贛、粵、桂的防禦。如今政府重遷，國亡無日，他居然又企圖「復辟」，置憲法於不顧，未免欺人太甚。
>
> 憲法既予我以總統職權，我絕不能助紂為虐，違反憲法與一平民私相授受。我雖知道我反對亦無用，蔣必然要復出無疑，但是我維護國家名器的原則卻不能讓步。❺

父親跟蔣介石的關係，往往受李宗仁的牽制影響。其實父親跟蔣，自抗戰軍興，父親赴中央任職，到國共內戰的前半，兩人即使有些衝突，相處大體上還算平和，而且蔣對父親的軍事長才，也還時常倚重。直到一九四八年李宗仁強出頭選副總統，父親雖然反對，但基於種種情感原因，父親不得不出面輔選李宗仁，擊敗蔣屬意的孫科，使蔣在黨內及國內聲譽重挫，顏面無光，自此，蔣與李、白，中央與桂系，又開始走向分裂的道路，以至於江河日下，一去無返。蔣召喚父親入台，本來期望父親對李宗仁能起槓桿作用，勸退他辭職。最後父親於一九五〇年一月十六日在台北還電信李宗仁，勸他辭去代總統，仍任副總統，並請蔣介石復職等等。可是李宗仁已經鐵了心，在美繼續發表反蔣言論，從事反蔣活動。父親的諫言，李宗仁已經聽不進去了。蔣、李之間的關係緊張、日趨敗壞，當然影響到父親在台灣的處境。

蔣介石初到台灣，大陸江山變色，美國杜魯門政府對蔣頗不友善，李宗仁赴美又不肯辭職，內憂外患，蔣心情之惡劣煩躁，可想而知。蔣在一月十三日之日記有云：

> 昨午課如常，心神苦悶異甚。美國外交官對台灣必欲使之速亂而早亡，其陰謀顯著。桂系李白又無恥圖賴，使成無政府狀態；而辭修（按：陳誠）心理病態如此，更令人悲傷無已。除一任天父處理以外，再無他法矣。❻

❸ 梁升俊，《蔣李鬥爭內幕》，頁 204。

❹ 程思遠，《白崇禧傳》，頁 322。

❺ 李宗仁、唐德剛，《李宗仁回憶錄》，（香港：南粵出版社，1986 年），頁 662。

❻ 《蔣中正日記》（未刊本），1950 年 1 月 13 日。

一九四八年一月，李宗仁宣布競選副總統，父親大驚，即派人往北平勸阻，李宗仁不接受。父親知道蔣介石另有副總統人選孫科，如李強出頭，恐怕造成中央與桂系重啟齟齬。李宗仁飛南京至父親大悲巷家中，向父親求援，父親無奈基於舊情助李競選，李宗仁擊敗孫科，蔣介石遷怒於白崇禧。

美國杜魯門政府，自從馬歇爾調停失敗後，對蔣介石政府愈來愈不看好，有意與蔣保持距離，以免美國被國民黨拖累。從一九四八年十二月初開始，美國透過各種管道，逼迫蔣介石下台。三大戰役後，國民黨盡失民心，從華府立場來看，如果蔣介石下台，給國民黨內其他有能力的人一個機會來試試看，可能讓國共兩黨回到談判桌上，甚至將解放軍阻擋在長江北岸。美方透過司徒雷登大使的養子，美國大使館特助傅涇波私下傳達以上訊息給南京政府高層，蔣介石得知後怒不可遏，指責美國大使館「**幾乎為反華倒蔣之大本營**」。[7] 一九四九年八月十五日美國國務院發表「白皮書」，把國共內戰，國民黨失敗的責任全部推到蔣介石身上，批評他「領導無方」。一九五〇年一月，杜魯門和國務卿艾奇遜公開宣布華府不會提供軍援保護台灣，而且美國政府一直有人主張把台灣交給聯合國託管，《紐約時報》的一篇評論甚至主張蔣介石應該表現出「世界級政治家的風範」，主動把台灣交給聯合國，以免台灣落入共產黨手中。[8] 當時一股倒蔣的勢力似乎蠢蠢欲動。蔣在一月十三日的日記指美國外交官欲使台灣「速亂而早亡」，即指「台灣託管」這一類的言論。當時國務院派傑賽普（**Philip Jessup**）為無任所大使至台北考察，對蔣多所批評。倒蔣的傳言還有很多，例如美國支持孫立人兵變等等，蔣對美國有意除掉他的盤算，當然得到情報，他在六月五日的日記中沉痛的寫道：「**四顧茫茫，只**

[7] 林孝庭（著、校訂）、黃中憲（譯），《意外的國度：蔣介石、美國、與近代台灣的型塑》（台北：遠足文化，2017年），頁 112-113。

[8] *The New York Times*, editorial, April 27, 1950, 轉引自：林孝庭，《意外的國度：蔣介石、美國、與近代台灣的型塑》，頁 233-234。

見黑暗悽慘，已無我生存之立足之餘地」，他祈禱「天父」賜予他力量，讓他能夠「與此萬惡勢力抗爭到底」。[9]

美國人步步相逼，蔣介石此時最在乎的就是恢復總統職位，名正言順，才有立場，與反蔣勢力鬥爭，而李卻堅拒不辭，父親屢勸不聽，蔣的一腔怒火當然就燒向李、白與桂系了。在蔣「復行視事」前夕，甚至利用包括暗殺或發動軍變等激烈手段，除掉蔣介石，似乎曾被美盤算過。

> 一月二十八日日記：
>
> 李德鄰避美不回，閻伯川（按：閻錫山）權威盡失，任人侮辱，無政府之狀態至今猶甚，其實已無政府可言矣，思之憂憤。此乃李、白之誤國害民，無恥不道，實由以造成之，奈何。[10]
>
> 一月三十日日記：
>
> 李宗仁避難不回，而反要我放棄黨權不問一切，使其得以回台主持一切，美援才能充分來到，以美國杜（魯門）、馬（歇爾）、艾（奇遜）全為反蔣也。此種奴性醜態，可知其已至死不悟。稚老（吳稚暉）謂王安石時代有福建子，而今日廣西子之誤國害民、無恥無賴，實甚於福建子，誠哉是言。黨國至此，對李（宗仁）、白（崇禧）再不斷念絕望，其將何以復興也。[11]

李宗仁滯美不歸，蔣介石如芒刺在背，美國杜魯門政府一直把李宗仁當作可能取代蔣介石的人選，司徒雷登大使給國務卿馬歇爾的備忘錄，曾幾次提到蔣介石已失中國民心，李宗仁可能是代替蔣的人選。美國人的企圖蔣不可能不知，蔣一直把李宗仁，連帶李背後的桂系勢力，當作最大威脅，父親當然首當其衝了。

一月三十一日日記：

> **白崇禧又在台北作無恥無賴之宣傳煽惑，希圖作最後之毀蔣運動，對此應有以制之。此奸不去，堇猶混淆，無以復興。二十四年來之辛勤犧牲所得之黨國皆為此奸徹底毀滅矣。**⑫

至此，蔣介石對準父親火力全開，其情緒之激烈，用字充滿恚憤，只有一九四九年十一月二日的日記中，控訴父親「**其惡毒陰險有過於共匪之借刀殺人者。**」可以比擬，蔣對桂系的憤恨，有甚於「共匪」。

但檢查一九五〇年一月三十一日前幾日，蔣、白之間並未有發生任何事件引起衝突。可是從黃旭初的日記及回憶錄可看到一些端倪。如前述一月十六日父親曾電李宗仁勸其辭代總統職。黃旭初的回憶錄這樣記載：⑬

---

⑨《蔣中正日記》（未刊本）（1950年6月5日）。

⑩《蔣中正日記》（未刊本）（1950年1月28日）。

⑪《蔣中正日記》（未刊本）（1950年1月30日）。

⑫《蔣中正日記》（未刊本）（1950年1月31日）。

⑬黃旭初，《黃旭初回憶錄——李宗仁、白崇禧與蔣介石的離合》（台北：獨立作家，2015年），頁376。

李宗仁（右）當選副總統心花怒放，孰不知從此埋下禍根，
中央與桂系分裂，影響大局。

白崇禧、李品仙、雷殷、邱昌渭（以上皆屬在台桂系人員）一月十六日由台北電（李宗仁），列舉六項事實，建議以須繼續在美休養，深恐久曠國務為理由，自動解除代總統職務，致電中央，其他不必提及。倘美援有望，今假期已滿，則乞速歸，以慰民望。

黃旭初的日記一九五〇年一月二十二日竟有這樣一條：⓮

紐約來電：思遠兄並轉健（白崇禧）、鶴（李品仙）、旭（黃旭初）、毅（丘昌渭）、任（劉士毅）諸公：杜（杜魯門）、艾（艾奇遜）秘密向人表示，如蔣離台，則美不特可接洽軍款項目，且可海軍援助。艾並一再函邀德公赴華府。邨（黃雪邨，李之秘書）已密函直告少谷（黃少谷）、蘭友（洪蘭友），如公等能設法運用，則一切迎刃而解。

桂系人員與李宗仁電報來往，大概蔣都知道了。本來蔣呼籲李宗仁返台，是希望他回來當面辭掉代總統職位，蔣復位憲法有所據。如今李宗仁竟欲挾美自重，杜魯門政府支持他以代總統返台，而且還暗示如果蔣離台便有美援。那麼蔣還在打算復位，便沒有正當性了，因此遷怒於白。

⓮《黃旭初日記》（未刊本），1950年1月22日。

二月四日，閻錫山辭職，其用意在使李代總統能早日覺悟其違憲失職。蔣慰留，晚上與蔣經國討論李宗仁動態之檢討，「不禁為之髮指眥裂，決心作復位之準備，以非此不能救國也」⓯

二月四日日記：

廣西子之醜態百出，不僅以國家為兒戲，而且不惜毀滅國家，以妄其李、白個人痴夢之實現。

蔣介石對於復位未定，美國進逼，李又「頑冥不化」，其內心之焦灼煎熬，已經使其失去情緒之控制。在同個星期反省錄中第三項：

近日受外國侮辱與桂系卑劣無恥刺激異甚，故心神偏激，時發惱怒，腦筋亦時有刺痛，可知修養不足，應切戒之⓰

李宗仁遙遙在美國，不受蔣控制，父親又無法使之就範，蔣介石的挫敗感，可想而知，一腔怒火發到李、白身上，恨桂系恨到頭都「刺痛」，心理影響到生理了。但他念茲在茲還是復位問題，雖然他心早已決定復位勢在必行，但他仍要諮詢一下他的幾位肱股之臣陳立夫、吳稚暉等，得到他們的勸進擁戴。

二月十三日日記：

立夫來談，後稚老亦來，徵詢其對復位之意見，彼亦以為除出山外無他法。而對廣

> 西子惡劣醜行恨刺入骨之情緒比諸任何人為尤甚也。彼言本黨革命三十餘年來之屢次失敗，皆受廣西人卑劣手段所作弄也。

二月十四日日記：

> （續昨）廣西子危害革命先有岑春煊繼有陸榮廷，今有李、黃、白皆藉偽革命混入本黨革命陣線投機取巧，以倒本黨而反革命為業也。難怪稚老之痛恨刺骨也。⑰

蔣介石與陳立夫、吳稚暉一起痛罵「廣西子」，大概覺得心裡舒暢一些。CC的頭頭陳立夫一向仇視桂系，選副總統，CC陳立夫操盤，敗於李宗仁，被蔣痛斥。「徐蚌會戰」關於父親的許多謠言，例如「按兵不動」等，據說是CC領頭散布出來的。後來蔣介石在台灣檢討大陸失敗的原因，CC黨務運作不靈，是其中原因之一，陳立夫被蔣逼走美國，到紐澤西去養雞去了，後來雞場失火，燒死了不少雞隻。吳稚暉一向是蔣忠心耿耿的老清客，蔣心煩的時候，會找稚老來談談心。

在三月一日蔣介石「復行視事」前這一段日子，為了復位之事，心中一直反覆不安，找出總總理由，以示復位之迫切。

---

⑮ 呂芳上（主編）《蔣中正先生年譜長編》，第9冊（台北：國史館、國立中正紀念堂管理處、財團法人中正文教基金會，2015年），頁443。

⑯《蔣中正日記》（未刊本），1950年2月4、5日。

⑰《蔣中正日記》（未刊本），1950年2月13、14日。

二月十四、十五日日記：

此時實為國家命運決於俄頃之際，若不毅然復位，不惟僅存之台灣根據地不保，中華民族真將永無翻身自由之日，再不能為廣西子之阻礙而有所猶豫也。[18]

蔣介石命令國民黨非常委員會發電文勸李宗仁歸來。李宗仁答覆「國事至此，拯救危亡，維護憲法，至為重要。」拒絕回台。李宗仁祭出憲法，恰恰射中蔣要害，於是又大怒。

二月十九日日記：

李覆非常委員電文，果不出所料，仍用其廣西子「汙泥便醜」之慣技，可謂廉恥道喪，不能再以禮讓為國之道處之，故決定復位。

蔣介石並列出復位理由，解釋繞過憲法乃不得已之「政治」處置。

其理由：「一、俄、毛偽約發表，不惟和平目的完全喪失，而且整個國家已將為毛匪所斷送。二、前以政治原因引退，而未經憲法程序向國大辭職，故今仍不能不以政法原因復位。當以待罪之身負責主政，一俟國勢轉危為安，乃召集國大正式負疚辭職，以維護神聖憲法之尊嚴。」[19]蔣介石心中明白，李宗仁不自動辭去代總統，蔣逕自恢復總統職位便是違憲，所以不言復職而定「復行視事」。

一九五〇年三月一日蔣中正「復行視事」，李宗仁於當日便在美公開斥責蔣「違憲毀法」。蔣在三月四日的反省錄裡，當然又把李宗仁痛罵了一輪。不過此後，很長一段時間，李宗仁不出現在蔣的日記裡了。一來蔣忙於重整黨國，二來一九五〇年六月二十五日韓戰爆發。美國即刻改變對台政策，派第七艦隊巡邏台灣海峽。台灣脫離險境，蔣介石也就安心下來，因為李宗仁已經不構成威脅了。直到一九五二年，李宗仁涉入毛邦初案，[20]蔣介石火大，命監察院於一月十一日提出「彈劾李宗仁案」。一九五四年三月十日，台灣召開國民代表大會第二次會議中，終於罷免了李宗仁副總統的職位。蔣、李之爭，至此算是告一段落。

一九六五年七月十八日，李宗仁「回歸祖國」，抵達上海，周恩來、陳毅等接機。這是中共統戰最大的勝利。

這時期父親在台灣。因為李宗仁在美不斷發表反蔣言論，備感壓力，一九五〇年三月二十日，父親往訪前總統府秘書長吳忠信，吳當日的日記有這樣的記載：

> 午後三時白長官健生來晤談，彼對李代總統無限失望。白強調李太無常識，最近李在美國言論，不單是對蔣不應該，尤使白及一般廣西老部下難以自處，這是不利國不利人不利己之幼稚舉動也。白當然想我出面斡旋，我以過去種種經驗，目前實不願亦不能有所表示也。[21]

---

[18]《蔣中正日記》（未刊本），1950 年 2 月 14、15 日。

[19]《蔣中正日記》（未刊本），1950 年 2 月 19 日。

[20] 毛邦初乃蔣介石表親，以空軍副總司令派駐美國，事實上毛邦初以私人名義，替蔣存在銀行一千萬美金，作為秘密用途，如資助國會遊說團（China Lobby）。蔣令毛將款項匯回台北，毛抗命，還有一批機密文件，也拒繳。台灣政府與毛邦初在美大打官司，滿城風雨，李宗仁卻公開支持毛邦初，與蔣作對。

[21]《吳忠信日記》（手稿本），黨史館藏，1950 年 3 月 20 日。

一九五〇年三月一日，蔣介石「復行視事」。左二起：閻錫山、白崇禧、顧祝同、王世杰等。

一九五〇年三月二日，美國總統杜魯門在華府宴請李宗仁代總統，蔣介石搶在前一天復職，企圖阻攔杜魯門以代總統名義接待李宗仁。李宗仁在三月一日下午開記者招待會斥蔣介石「違憲」。

吳忠信在國民黨內資格甚老，參加過同盟會，一九二一年孫中山曾派吳忠信到廣西出任桂林衛戍司令兼大本營憲兵司令，與李、白有長期的關係，吳為人正直不阿，處世周圓，甚得蔣介石信任，他一直擔任蔣介石與桂系之重要的傳訊人。父親對吳吐苦水，恐怕也希望吳向蔣轉達他不贊成李宗仁在美放言的態度。可是吳忠信知道蔣此時正在氣頭上，恐怕聽不進去。李宗仁在美國反蔣言論不僅令父親處境尷尬，也使得在台的桂系人員坐立難安。跟隨來台的一些李、白從前麾下的軍官，有些當過軍長、師長的人，來到台灣都被免掉了軍籍，投閒置散，「桂系」這個關鍵詞在當時台灣變得十分敏感，沾碰不得。關麟徵乃黃埔一期的天子門生，抗日屢有戰功，後跟陳誠有隙，一九四九年李宗仁代總統期間舉為陸軍總司令，後滯香港，申請來台不許，被懷疑「倒向李宗仁」。[22]羅列，黃埔四期，在台灣當上陸軍總司令，有一次在美國一個場合見到李宗仁，過去打了一個招呼，馬上被報到台北蔣的耳裡。後來羅列丟官，據說是因為在蔣面前坦承陸軍準備不足反攻大陸，恐怕跟李也有關係。五〇年代一位駐韓國大使，與李宗仁有舊，到紐約去探望李一次，回來大使的職位便沒有了。

一九五〇年三月三十日，父親發了一封八百多字的長電給李宗仁：

副總統李鈞鑒：近據中外報載，鈞座在美，迭次發表談話，種種表示，語近虛浮。重洋遠隔，輾轉流傳，迷離惝恍，莫辨真偽。此或由於代言人之輕率其詞，諒非出自鈞座之本心。國命垂危不絕如縷，大陸淪胥，孤島僅存。倘此一線生機，而不能戮力同心，共圖挽救，若復萁豆相煎，勢必同歸於盡。事之可痛，孰甚於此。崇禧之意丁茲艱危，間不容髮，非急起直追，精誠團結，不足以救亡圖存。非躬身實踐，徹底革新，不足以起衰振敝。團結之道，即不分畛域，不分派系，凡具有國家觀念民族意識之人士，均應在中央領導之下，投袂奮起，凝為一體，構成堅強反攻陣線，然後乃能集中意志力量，確保反攻基地，負起戡亂建國之重任。革新之道，即在斬斷過去葛藤，創造新的生命，滌除舊染，咸與維新，針對時弊，力求改進，庶足以表示作風，一新耳目。鈞座平生，虛懷若谷，廓然大公，夙為國人所共仰。而團結革新，尤夙為鈞座所倡導。乃近在美言論，與平日所主張者，顧若兩人。此實誤於左右一二人之罔識大體，意氣用事。遂令鈞座聲譽，一落千丈。親痛仇快，可為長太息者也。崇禧久隸帡幪，向承優渥，言責所在，未忍緘口。故曾函電交馳，嘵音瘏口，固已數數痛切陳之，惜未蒙採納。今時危勢迫，敢再瀆請鈞座，親賢遠佞，察納雅言。並糾正代言人，嗣後務須慎重將事，不得輕率發言。尤望鈞座納前電建議，接受總統蔣公特使之命，內外相維，共圖國是。採同情之步調，謀有效之措施。此非崇禧囿於個人私見，凡愛護鈞座者，均有深切之同感。自大陸淪陷，共匪恣行壓榨，將大量食糧，運往蘇聯，造成普遍飢荒，各地民眾，迫於義憤，揭竿而起，華中袍澤，湘桂健兒，多派代表間道來台，請求領導與接濟者，絡繹不絕，人心思漢，事有可為。崇禧分屬軍人，以身許國，第事權不宜分歧，軍令必須統一。已將此意，曉諭華中舊部，及桂越邊境各部隊，絕對擁護中央，接受中央命令。本再接再厲之精神，作不屈不撓之奮鬥，盤根錯節，生死不渝，耿耿此心，維鈞座明察而教督之。又華中長官公署，已於寅感奉令撤銷，謹併奉聞。

職白崇禧叩，寅卅台北。

22 張贛萍，《抗日名將關麟徵》（香港：宇宙出版社，1971年），頁218-219。

父親這封洋洋灑灑致李宗仁的電報可謂苦口婆心，許多出之肺腑的諫言，只有像李、白這樣有幾十年深厚的關係，才講得出口，一方面父親還在為李宗仁開脫，指責是他的代言人甘介侯「輕率其詞」，據說李在美的言行，許多時候都是甘介侯出的點子，連最親近李宗仁的程思遠對甘介侯越份的行徑也頗不以為然[23]。父親經過幾番斟酌的電報，也在表態。父親入台後，幾次求見蔣不得，他必然也感覺到蔣對他的猜疑。在電文中，父親一再宣誓「以身許國」的決心。父親入台，就是為了與中華民國共存亡，「向歷史交代」。他當然也希望蔣介石了解他這一片丹心。這份電報原稿附在一封信裡給了陳誠，陳誠既是蔣介石的親信，父親相信他一定會轉呈給蔣看。陳誠回信，倒也中規中矩：[24]

> 健公賜鑒：昨奉惠書，並承抄附呈副總統李三十電原稿一通。展讀再四，欽敬莫名。當前局勢，非精誠團結，無以救亡圖存。副總統平生，虛懷若谷，廓然大公，諒能接受我公建議，內外相維，共圖國是也。肅復，敬請勛安。弟陳四月四日

陳誠的信雖然是一些場面話，但至少他還顧到父親的面子，陳誠雖然受到蔣介石的寵信，但他也有他耿介正直的一面，不像一些阿諛媚上的佞臣。蔣介石看了這封電報如此反應：

> 晚約白崇禧等聚餐，廣西子之偽言偽行，不能再信以誤國，彼雖表示歸誠，不能令我有所動也，其害國害民之大，無法取信也。[25]

蔣介石對父親已完全失去了信任。蔣對桂系果然「餘恨未消」。

一九六四年二月，法國與中共建交，這個消息傳到紐約，李宗仁隨於二月十二日在紐約《先鋒論壇》發表一封公開信，籲請美國政府效法法國政府「認清當前形勢，適應時代潮流，採取果斷措施，同中華人民共和國調整關係。」[26]

這封信對台北政壇尤其是桂系成員圈子中，又是一枚炸彈，這時李宗仁已經很明白傾向中共了。父親當然受到的壓力最重，不得不公開表態，於三月十八日致電李宗仁，其中有云：

> 總統蔣公率全國軍民，嘗膽臥薪，生聚教訓，正在待機執戈西指，完成反攻復國大業。而我公旅居海外，迭發謬論，危及邦家，為親痛仇快。最近閱報，我公竟公然支持中共，勸說美國學步法國，改變對華政策。我公既不能共赴國難，反為中共張目，是真自毀其立場矣，自絕於國人矣！伏望我公激發良知，遠離宵小，幡然悔悟，以全晚節。[27]

[23] 程思遠，《政海秘辛》，頁 246。

[24]「四月四日復白健生書」（1950年4月4日），〈石叟叢書．文電〉，《陳誠副總統文物》，國史館，典藏號：008-010101-00003-221

[25]《蔣中正日記》（未刊本），1950 年 4 月 2 日。

[26] 程思遠，《政海秘辛》，頁 262。

[27] 程思遠，《政海秘辛》，頁 262-263。

父親這封電報刊在海外華文報紙，廣為流傳。這封電報中，父親對李指責，措辭嚴厲，二人至此，已到絕裂的地步。父親與李宗仁自廣西統一，李、白、黃廣西三傑桃園結義起，北伐龍潭之役，李、白合作擊潰孫傳芳，扭轉危機，抗戰徐州會戰，二人共同指揮創下台兒莊大捷，全國士氣為之一振，李、白名聲響徹國內外。可是到了最後，兩人竟因政治立場不同，走向割袍斷義的絕境。

一九六五年，李宗仁回歸中國，父親對廣西老部下說：「德鄰這樣做法，我在台灣更沒法做人了！」香港張任民來信敘述李宗仁回大陸，父親在信封上註記：「內云李德公降匪，甘作傀儡，可恥之極」。九月九日，父親上書給蔣介石，並附張任民函：[28]

總統鈞鑒：職於五十年八月十一日曾請張秘書長岳軍兄轉報告一件，其內容係轉述李薦廷先生面告，在港親聆郭德潔讚揚中共匪幫在大陸建設成績，並表示共匪如能進聯合國，則他們倆夫婦必飛大陸。聞當時共匪以李濟深之偽人民政府副主席及民革之位置給予李宗仁為餌，請予注意。最近李宗仁夫婦竟飛大陸投降共匪，不僅為我革命軍人之恥，更為吾桂人之羞也。日前接國策顧問張任民氏稱（原函附呈），李投共匪後，對統戰工作，勢必力求表現，對於旅居海外，過去有軍政地位者，如黃旭初、夏威等，為其首要目標，可能派程思遠攜親筆信回港做說客。黃、夏在港已登報表明態度，不往大陸。我方為杜絕共匪工具及統戰工作，可否於國父誕辰，由國父誕辰籌備處出名，邀黃、夏等來台參加盛典，加強中央與海外團結等語。職以為張顧問反共態度堅決，其建議更遠慮思深，如蒙採納，職亦願以私人名義促黃、夏聯袂來台，參加盛典。專此敬叩鈞安。職白崇禧，五四年九月九日。

蔣、李鬥爭，父親夾在中間左右為難，李宗仁去了大陸，靠向中共，對父親以及其他海外桂系人員，可謂晴天一聲霹靂，對父親的打擊尤大，父親一向以廣西軍人北伐抗戰保衛國家立下汗馬功勞為榮，李宗仁身為桂系領袖，晚年竟變節投共，對父親以及其他桂系人員，真是情何以堪。父親在台灣的處境亦就更加艱難了。

一九六五年李宗仁自美國返大陸「回歸祖國」，這對父親及海外的桂系人員不啻晴天霹靂。居留香港的張任民寫信給父親敘述李宗仁投共詳情，父親在信封上重批：「內云李德公降匪，甘作傀儡，可恥之極。」李宗仁投共，父親在台灣的處境愈加艱難。

㉘「白崇禧致蔣介石函稿」（1965年9月9日），白崇禧專檔，美國史丹佛大學胡佛研究所藏。

徐悲鴻油畫：廣西三傑。左一：白崇禧、左二：李宗仁、左三：黃旭初。徐悲鴻一九三五年遊廣西，備受禮遇，出任「桂林美術學院」。徐悲鴻畫馬出名。

第三章

廣西與中央

廣西地處邊陲，貧窮落後，一向遠離中原政治核心。十九世紀太平天國洪楊起義，一直打到南京定都，一支軍隊還遠抵天津，清廷震動。這是廣西人在近代歷史上最出風頭的一次。對後世的廣西人，有鼓勵作用。

二十世紀廣西新桂系興起，以李宗仁、白崇禧、黃紹竑為首，統一廣西，訓練出一支有紀律、驍勇善戰的桂軍。民國十五年（1926）年，北伐軍興，蔣介石秉承孫中山遺志，在廣州誓師北伐，推倒北洋軍閥，統一中國。蔣介石總司令力邀父親擔任國民革命軍參謀長，組軍北上，父親年僅三十三歲，但在統一廣西戰役，表現傑出，已有「小諸葛」令名，而且父親是保定出身，當時各軍師長多為保定學生，容易和各部隊聯繫，蔣介石一開始便重用父親，除了看重父親的軍事長才，也需要廣西軍的加入。蔣介石雖然已經訓練出黃埔子弟的中央軍，但面對強大人數眾多的北洋軍隊，國民革命軍必需聯合兩廣甚至湖南唐生智的軍隊，共同北伐，才有戰勝北洋的希望。北伐前期，父親果然不負蔣介石所望，充分發展了他戰略長才，廣西軍第七軍，屢建奇功，擊潰吳佩孚、孫傳芳大軍，有「鋼軍」之稱。這一階段，蔣、白關係比較融洽，蔣對白也時常釋出善意，加以攏絡。蔣介石當時的夫人陳潔如親手調製燕窩送給父親進補。蔣並鼓勵父親寫信給母親，接她一同北上，對父親有所照顧。但當國民革命軍進入南京，產生「寧漢分裂」

的危機，蔣介石第一次下野。一般論說是受桂系進逼，事實上白正在徐州領軍作戰，李宗仁也矢口否認。蔣主張對漢口用兵，李、白都反對，因為國民革命軍內鬨分裂，孫傳芳伺機反撲，北伐將毀於一旦，漢口方面張發奎、唐生智蓄勢待發，進攻南京，蔣只有下野才解除危機。但自此，蔣與桂系李、白的關係，便蒙上了陰影。後父親兼東路前敵總指揮帶領第四集團軍一路北上進入北京，最後完成北伐，統一中國。北伐後，桂系勢力，南有兩廣、中有兩湖、北及平津，驟然膨脹，中央受到威脅，蔣介石發動蔣桂戰爭，一心滅桂，通緝李、白，開除黨籍，父親倉皇逃回廣西。廣西與中央第一次分裂，對峙六年。

其實在北伐途中，蔣、白兩人的關係已暗暗起了微妙的變化。廣西省主席黃旭初的回憶錄裡對李、白和蔣的這段關係有許多詳實的記載。「**蔣先生確實深愛白崇禧的長才，但又每每對他不滿，真是矛盾！**」他這一句話道盡了蔣、白之間的複雜關係。黨國元老張靜江這樣說：「蔣先生和各元老談話，常露對白氏的批評，謂其不守範圍。我曾為此與蔣先生辯論，以為他所直接指揮下各將官，論功論才，白崇禧都屬第一等，值此軍事時期，既求才若渴，應對白氏完全信任，使能充分發展所長，不可稍存抑制心理。但蔣先生總是說：『**白崇禧是行，但是和我總是合不來，我不知道為什麼不喜歡他。**』」蔣「我不知道為什麼不喜歡他（白）」，值得深究。[1]

蔣介石一向以國父孫中山的嫡傳繼承人自居，汪精衛跟他爭奪嫡位，最後還是為蔣擊敗。北伐勝利，黃埔軍一支獨秀，蔣更是唯我獨尊，不容異己了。父親的個性，守正不阿，不屑唯唯諾諾，不免恃才傲物，「不守範圍」。李宗仁有一次在蔣介石面前進言：

> 白崇禧才大心細，做事慎重敏捷。他以前當我參謀長時，遇事往往獨斷獨行，然從

無越軌之處，我對他也能推心置腹，所以事情做起來又快又好。如今他縱有「不守範圍」之處，推其用心，也無非想把事做得快，做得好。總司令如果覺得他偶有不合體制，大可明白訓諭，千萬不可懷疑在心，不肯說明，在部屬間反為不美。❷

李宗仁這番說詞，蔣未必聽得進，其實蔣、白之間的心結，恐怕還有更深層的原因。

蔣介石一向以軍事領袖自許，雖然他器重父親的軍事長才，尤其是在戰略方面，父親往往能出奇制勝，故有「小諸葛」之美稱，但父親行事「不守範圍」，獨斷獨行，蔣、白二雄並立，難免不會產生瑜亮情結。北伐最後，父親率領第四集團軍長驅直入北京，所到處民眾夾道歡迎，北方的報刊大幅登載父親的消息，父親才三十五歲，最後完成北伐，當時年輕氣盛，不知功高震主之危險，在北方出盡風頭，白總指揮儼然成為推翻北洋軍閥的英雄，這種態勢，恐怕不是蔣總司令所樂見的。父親正在處理善後工作，蔣介石已暗地買通唐生智北上，策反第四集團軍唐之舊部，父親倉皇從天津坐日輪逃離，輪船駛至上海時，蔣密令上海衛戍司令熊式輝將白逮捕。倘該輪拒絕搜查，即令海軍砲艦將其擊沉，國際交涉，以後再辦。這消息為當時上海市長張定璠所聞，派人通知父親，父親乃換乘另一隻日輪駛往香港。❸

❶ 黃旭初，《黃旭初回憶錄——廣西前三傑：李宗仁、白崇禧、黃紹竑》，頁 222-223。
❷ 同前註，頁 223-224。
❸ 同前註，頁 226-227。

蔣介石有鋼鐵般過人的意志力，所以他能夠領導抗戰，八年不降，最後勝利。他也有縱橫捭闔的政治手腕，將他的政敵一一擊倒。可是軍事戰略，軍事指揮卻並非蔣總司令、蔣委員長所長，這也是蔣、白之間容易衝突的引爆點。例如蔣喜歡越級指揮，使得前線指揮官無所適從，這是父親常常批評蔣的地方，他拒絕指揮「徐蚌會戰」，據他自述，重要原因之一，是他知道這場關乎國共勝敗的戰爭，蔣一定會在南京越級遙控，後來蔣親自指揮這場戰役，國軍大敗。在戰略方面父親主張「**守江必守淮**」，軍隊集結以蚌埠為中心，華中統一指揮，五省聯防，蔣卻將華中、華東一分為二，在徐州另設剿總，由劉峙擔任司令。「**華中指揮權分裂，這場仗必敗**」，父親直言。「徐蚌會戰」的前因後果使得蔣、白兩人從此反目。

桂系基本上是一個軍事集團，以廣西將領李宗仁、白崇禧為首，但也有其他省份的將官加入，如湖北籍的胡宗鐸、陶鈞，江西籍的張定璠，建設廣西時期就有更多其他省份的軍政人員、知識份子加入了。桂系奉國父孫中山的三民主義為圭臬，是國民黨的一支，但桂系「苦幹、實幹、硬幹」的廣西作風，與蔣介石領導南京政府的政治文化一直方枘圓鑿，格格不入。蔣介石的領導以黃埔軍系、CC集團、政學系、江浙財團為核心。這種政治文化有極強的排他性，桂系其實始終未能進入國民黨的權力核心。非中央嫡系的軍隊，往往受到歧視，軍備待遇皆不及黃埔嫡系，這也是國共內戰時，一些非中央的所謂雜牌軍「陣前起義」，叛變的由來。父親雖然受過蔣介石重用，長期在中央服務，但最終還是被蔣視為「**廣西子**」、「**桂逆**」的非我族類。提到桂系，蔣介石恨之入骨。

一九四八年四月李宗仁勝選副總統，是蔣介石與桂系大分裂的開端。副總統選舉，父親站在李宗仁一邊，蔣介石心中必定有被出賣的感覺，尤其李宗仁背後有美國人支持，有取而代之的危險，蔣備感威脅，如附骨之疽。李、白兩個「廣西子」到底還是搞在一起了。蔣、白兩人關係之惡化崩裂，恐怕「亥敬」、「亥全」兩封電報乃是壓倒駱駝的最後一根稻草。一九四八年底，「徐蚌會戰」已近尾聲，國民黨軍隊大敗，六十萬大軍被殲滅，三大戰役後，國軍士氣崩潰，國民黨政府搖搖欲墜，父親坐鎮武漢，眼見國之將亡，焦慮萬分，他盱衡時局，能改變當前頹勢的只有敦促美國出面調停，與中共談判。其實一九四八年十二月初，杜魯門已透過各種管道逼迫蔣介石下野，並由司徒雷登大使養子傅涇波，傳達訊息給國民黨高層。美國人的態度，父親當然知道，恐怕這是他「不避斧鉞」上書給蔣介石的最大動力。他對美國的期望過份的樂觀了，以為蔣介石下野，美國會出面調停，雖然杜魯門政府一再釋放消息，蔣介石下野，美援才會到，而且司徒雷登大使給馬歇爾的備忘錄三番兩次提到，李宗仁可能是替代蔣介石的人選。可是始終美國並沒有出面調停，因為怕被陷入國共內戰的泥淖。李宗仁上任代總統後，美國也沒有認真援助李，因為華府當局看得很清楚，李宗仁上台，蔣介石仍在幕後操縱，李毫無作為。國務卿艾奇遜的回憶錄第十三章如此分析：[4]

> 委員長辭職了，把那個共和國的總統職位交給李宗仁將軍。但是，他在辭職以前，已把中國的外匯和貨幣儲備全部搬往台灣，並要求美國把預定運往中國的軍事裝備運往台灣，這就使李將軍既無經費又沒有軍事裝備的來源了。

4 Dean Acheson, *Present at the Creation: My Years in the State Department* (New York: W.W. Norton, 1969), ch.13.

桂系李、白等人對美國政府的期望落了空。美國人為自己的利益打算，口惠不實，為德不卒。

父親的「亥敬」電以及稍後的「亥全」電傳到蔣介石那裡，卻如兩枚深水炸彈，炸起驚濤駭浪，衝擊力超過想像。那時節，「徐蚌會戰」已接近尾聲，徐州陷落，大勢已去，這是蔣介石心情最惡劣，而心防最脆弱的一刻，「亥敬」電雖然語氣恭順，只是下屬對上的建議，可是蔣介石並沒有理會父親救亡圖存，請美國出面調停的意旨，他看到的，是「桂白」的「背逆脅制」❺，認為父親是向他「逼宮」，在同月十二日的反省錄這樣記載：

> 二、本月實為處境最逆之一月。余妻赴美在外遭受輕侮虐待，（按：宋美齡赴美求美援，受到冷落）在內最大之危機，即桂白逆謀之畢露，內外幾乎皆受其賣空買空虛偽煽惑之影響，而至大除夕為達其頂點。❻

一九四九年一月二十一日蔣介石下野，下野之前，蔣對國民黨中常委及五大院長說：「我之願下野，不是因為共黨，而因為本黨中的某一派系。」❼從此後，國民黨的宣傳機器就把蔣介石第三次下野定調為「桂系奪權」，「白崇禧逼宮」，這個論調不脛而走，流傳海峽兩岸，以迄於今。

對蔣介石來說，父親居然膽敢直接發「亥敬」電給他，簡直是大逆不道。蔣介石心裡大概想，白崇禧是他一手提拔起來的，當過他的參謀長、副參謀總長、國防部長，白以一個非中央嫡系的將領而能歷任蔣的軍事幕僚長，是一個異數。而現在正值蔣處於四面楚歌之際，白要他下野，蔣大概覺得是忤逆，是犯上，所以如此震怒。從此後，他的日記常常便有「**白逆**」的稱謂出現。蔣介石把自己跟黨國不分朕即天下，對他不忠，等同反叛國家。台灣早期四處的標語把領袖放在國家前面，可是父親卻把國家放在一切之上。

客觀來說，父親的兩封電報絕不足以逼蔣下野，蔣手上還有湯恩伯、胡宗南幾十萬軍隊，而父親華中部隊雖有三十萬，其中宋希濂部，屬中央軍聽命於蔣，根本不可能發動兵變。而且蔣手中行政、經濟、情治大權在握，他不下野，沒有人能逼他下野，蔣介石第三次下野恐怕還有其他更深層的原因與動機。首先是杜魯門政府進逼，講明了蔣介石不下野，美援斷絕。國軍在抗戰後期已大量依賴美援作戰，國共內戰亦如是，蔣不理會馬歇爾警告，進軍張家口，馬歇爾一怒之下，切斷國軍美援八個月，國軍從此由攻勢轉成守勢，因為軍火不足。蔣介石心裡明白，美援不來，國軍無法繼續打仗。三大戰役，國軍潰敗，蔣手下精銳部隊盡失，蔣介石評估，國民黨政府在大陸大勢已去。

一九四八年底，蔣已經開始準備經營台灣為最後退身之所。首任陳誠為台灣省主席，又將國庫黃金運往台灣，空軍飛機、海軍艦隊統統撤到台灣。陶涵（Jay Taylor）在他那本《蔣介石與現代中國之奮鬥》（*Generalissimo: Chiang Kai-shek and the Struggle for Modern China*）中說，蔣介石很早就打算撤退台灣了，至少在「遼瀋之役」戰敗後

❺《蔣中正日記》（未刊本），1948 年 12 月 26 日。

❻《蔣中正日記》（未刊本），1948 年 12 月 31 日。

❼ 董顯光，《蔣總統傳》，卷 3（台北：中華文化事業出版委員會。1954 年），頁 529。

已有此意，[8]連他的兒子蔣經國也有這樣說法，其父「此時考慮引退，並非在惡劣環境之下，脫卸革命的仔肩，逃避自己的責任，而是要『另起爐灶，重建革命基礎』也」。[9]所以蔣經國也認為蔣介石下野，是為了去台灣「另起爐灶」，把台灣建設為「革命基礎」，而並非為人所逼。但總統下野，對國人，總要有一番說詞，父親的兩封電報正好被蔣找到藉口，趁此下台階。於是「桂系逼宮」便變成了下野唯一的理由，「權臣篡位」正好博得國人的同情。

[8] Jay Taylor, *Generalissimo: Chiang Kai-shek and the Struggle for Modern China* (Cambridge, MA: The Belknap Press of Harvard University Press, 2009), pp. 398-399.

[9] 蔣經國，《風雨中的寧靜》（台北：正中書局，1967年），頁125。

第四章 初到台灣

跟千千萬萬在一九四九年前後，渡海逃到台灣來的人一樣，父親初到台灣，一切也得從頭來起。父親雖然軍階為陸軍四星上將，那是終身職，但是他在台灣，既無兵權，亦無政權，最後的職位，為總統府戰略顧問委員會副主任委員。戰委會是一個養老院，安置一些來台資深將領，主任委員是何應欽，另一位副主任委員是顧祝同，其他還有孫連仲、薛岳，這些不同派系的將官，這些在大陸都曾身經百戰的老將們，都安置在戰委會這個養老院裡。父親到台灣五十六歲，當了十七年戰委會副主委，投閒置散，一直過著平淡的生活。

父親入台這項重大決定，母親是支持的，母親雖然從不干預父親的公務，但父親遭遇重大難關時，母親總站在父親這一邊，是父親的精神支柱。不久母親便從香港來台與父親一齊共患難。戰委會有些將領，公家配給了高級住宅，父親沒有，於是便在松江路買下兩幢丙種公務員宿舍，因為家裡人多，所以把兩幢前後打通成為一整棟。那時松江路多為公務員宿舍以及空軍的眷村區，全是一些木板平房，漆著軍營似的草綠色。松江路中間還是鋪滿碎石子的黃泥路，只有兩旁有一道狹窄的柏油路，騎腳踏車得小心，一下就會衝進黃泥道上去。松江路的下半段，還是一望無際的稻米田，一直綠到圓山去。

五〇年代攝於松江路一二七號院子裡。

父親母親到底是經過大風大浪見過世面的人，北伐、抗日、內戰，經過大大小小困境、險境。北伐完畢，「蔣桂戰爭」，兩人還被蔣介石逼走安南，逃難到河內。在台灣的種種政治壓力，兩位強人一肩扛起，因為他們身上都有廣西人「冇有怕」、死不投降的「硬頸」精神，就像院中盆栽多刺的仙人掌。

一九四九年十二月三十日，父親由海口飛至台灣。當時韓戰未起，共軍隨時可渡海攻台，台灣正處在風雨飄搖之險境中。父親不顧危險入台，自稱「向歷史交代」，與中華民國共存亡。母親不久也毅然由港入台，與父親患難與共。

松江路一二七號是一幢丙級公務員的木板房，有幾分破敗，颱風來時還會漏水，母親在這棟「陋屋」裡度過了她的晚年，處逆境，她安之若素，對於過去的榮華，她沒有絲毫的留戀。馬佩璋女士是一個拿得起、放得下的女中豪傑。

五〇年代父母親攝於陽明山，時值春季，櫻花盛開。
父親母親在台灣雖然受到有形無形的政治打壓，明的暗的各種凌辱，兩位強人，仍舊昂首抬頭，凜然不可侵犯。父親自認功在黨國，其歷史地位並非一些卑鄙手段所能撼搖。母親大度，不屑台灣官場中的虛假齷齪，她是寒冬裡的傲霜枝。

台灣夏天炎熱，木屋裡熱氣出不去，熱得像蒸籠，父親便指揮工人在木屋的四周，種植了上百棵樹苗，後來統統長大成蔭，遮掉不少日曬的熱氣。父親在紀念母親的一篇文章中寫到這一段：

> 友人來訪，看我督工甚力，友人笑曰：「台灣命運還有幾天，何苦如此，不如早作脫身之計。」余笑而答曰：「台灣有一天算一天，台灣完了我也完了」。[1]

那時韓戰未起，台灣人心惶惶，父親寫這段一來表示母親在台灣風雨飄搖之際，毅然來台，同時也顯示了他與中華民國共存亡的決心。父親母親兩人就在松江路一二七號這棟木屋裡度過他們不很舒適、不太愉快的晚年。

接濟親戚

父親初到台灣，不僅要安頓自己的家，同時還要照顧白家的親戚，跟著父親一齊逃到台灣來的，有大伯崇勳一家、二姑媽德貞一家、還有六叔崇祜的遺孀六嬸一家。父親年幼時，祖父早亡，家道中落，祖母因看中父親天資聰敏過人，特別培養，讓其讀書，其他手足都為父親做出了犧牲。大伯去當學徒，二姑媽打鞋底供父親讀書。父親發跡後，從未忘記他的兄姐為他的奉獻，有困難時，父親都盡力幫助他們。連子姪輩的學業工作，父親也會栽培督促，父親儼然變成白氏家族的族長了，當然責任也就重大。本來白家這些親戚在廣西桂林都有自己的房屋財產，日子過得還算穩當，可是抗戰日軍侵略廣西，桂林城付之一炬，白家親戚們打擊不小，接著又逃共產黨，到了台灣，生活也就相當艱難了，父親身為白家族長，不能不管，白家親戚都住在台南，那時台南屋價便宜。但我們自己一家，食指浩繁，父親的負擔已很吃力，還要供養幾位兄姐弟媳，時常感到捉襟見肘。他在民國四十二年一月十九日寫了一封三千多字的家信，痛切的告誡兄姐及子姪們，當此國破家亡，大家要明瞭處境困難，忍苦耐煩：❷

> 禧對哥姐弟媳費用的接濟，乃道德倫理上，我當然盡我一人之力，一直到我不能負擔之時為止。當此國破家亡，我想凡屬中國兒女，每一個人都受到精神的痛苦，物質上的壓迫。

他又花了很大篇幅，把幾個不太上進的子姪，嚴厲的訓斥了一頓。父親律己甚嚴，對屬下晚輩的要求亦高。他最欣賞努力向上，家境清寒的青年，會大力栽培。他曾送他的外甥海競強到日本讀陸軍士官學校，後來競強升到軍長，抗戰有功。他也幫助他的姪子先儒留學美國。他遣送下屬出國深造，不計其數，但對懶惰苟且不求上進的青年，他不能容忍。

❶ 白崇禧，〈一位賢妻良母的畫像〉，《大華晚報》，1962 年 12 月 6 日。

❷ 「白崇禧致親屬函」（1953 年 2 月 11 日），白崇禧專檔（The personal papers of Bai Chongxi），美國史丹佛大學胡佛研究所藏。

堂
禮

這是一九四四年祖母九十大壽在桂林家中白氏家族的合照，父親儼然是白氏家族的族長，受到家族成員的愛戴和敬畏。父親左側是他的長兄崇勳，再左側是二姐德貞。第一排左一是海競強。

堂 禮

一九四四年三月十六日祖母九十大壽，
攝於桂林東正路家中。
圖為桂軍諸將領，前排右八為海競強。

一九四四年三月十六日祖母九十大壽，攝於桂林東正路家中。
右為海競強。
海競強為父親外甥，子姪輩中，最受器重，父親大力栽培，送至日本軍校留學，在桂軍中屢任要職，北伐、抗戰參與大小戰役無數。內戰中，一九四七年山東萊蕪一役被共軍俘虜。國共換俘，海競強得釋放，到台灣革去軍職。

體恤舊部

父親的舊部來到台灣也不在少數，因為屬於桂系，大多都被取消了軍籍，有的是將官級中將、少將，在台灣也一樣潦倒不堪，衣食無著。父親對他的下屬一向愛惜，來到台灣，看著昔日曾跟隨他南征北討，北伐、抗戰、內戰，為國家賣過命的將士，一個個為著生活辛苦掙扎，內心至為痛恤。他在寫給兄姐的家函中提到賀維珍：

> 禧舊時袍澤，亦多為生活所逼迫，如賀軍長維珍，現在台北，上有八十二歲的老母，下有髫髮襁褓的幼兒，渠在大陸退役，嗣後華中呈准起用，此刻又假退役，公家不再給待遇，他們母子夫妻抱頭痛哭幾天，吃米糠有三週，禧方得知，現正約同友人救濟。類如賀君者為數甚多，聞之鼻酸。

賀維珍是江西永新人，跟父親是保定軍校三期同學。父親曾稱讚他：「練兵辦教育都很熱忱。」並被選為十五位對廣西卓有貢獻的外省人。[3]抗戰期間，以師長率部參加台兒莊、崑崙關等著名戰役，桂林保衛戰時為第三十軍軍長，戰後該軍號被裁撤，賀亦報准退伍。父親出掌華中剿總時再次起用為參議。一位為國家立下汗馬功勞的將官，晚年流落台灣，景況如此淒涼，父親為了老袍澤，能不感傷。

[3] 馬天綱、賈廷詩、陳三井、陳存恭（訪問、紀錄），《白崇禧先生訪問紀錄》，下冊（台北：中央研究院近代史研究所，1984年），頁666。

我們住在松江路一二七號時，小弟先敬小學放學，路過隔壁巷子，有一家一條大狼犬奔了出來，先敬驚惶，狼犬撲上去便咬了先敬一口。狼犬主人在外國機關做事，家境不錯，兩夫婦很過意不去，邀請了母親領著小弟過去他們家喝下午茶。賓主坐定，女傭上茶，母親一看，大吃一驚，那位女傭竟是吳聲鎬將軍的太太。吳太太看到母親，一時無地自容，手上的茶盤也震落地上。

母親回家告訴父親，兩人不勝唏噓，吳聲鎬一家竟落到這個地步，將軍夫人被迫出去幫傭。吳聲鎬畢業於日本步兵學校，對兵器研究，頗有心得，父親為軍訓部長時，吳聲鎬任軍訓部參事。後來父親託人於南部高雄替吳聲鎬在信用合作社找到一份餬口的工作。吳聲鎬沒有忘記父親這份恩情，父親過世，他的輓聯這樣寫道：

三十年報國軍中沐德懷仁慘向甘棠揮雨淚
五千里從亡海外撫今追昔難將寸草答春暉

孫國銓也是桂林人，南寧軍校第二期，是父親的親信，父親任國防部長，他是國防部辦公室的副主任，二二八隨父親來台宣慰，後轉任華中剿總，官拜中將。孫國銓隻身飄流到台灣，連個住處也沒有，父親把他安置在借來當宿舍的一幢房子裡，在一間斗室中，蝸居了幾個月。後來他的家屬也到了台灣，因為他在台沒有以中將資歷銓敘，一家過著貧困生活。我記得孫國銓在大陸時，跟隨父親出入，穿著一身挺拔的軍服，雄姿英發，相貌堂堂。我在台北見到他穿了一身舊中山裝，夾著個泛了白的皮公事包，擠在人群中，步行去上班，一身風塵，滿臉憔悴，特別顯得蕭索。

海競強是父親的外甥，是父親一手栽培的子弟兵。北伐時就跟著父親出征了，參加過有「鋼軍」之稱的廣西軍賀勝橋、汀泗橋著名戰役，一九二七年保送到日本士官學校，後回國參加抗日，又跟隨父親參加徐州會戰台兒莊之役。最後返桂林參加極為慘烈的桂林保衛戰。一九四七年國共內戰，海競強升為四十六軍副軍長，在山東萊蕪一戰，全軍覆沒，海競強被共軍押往佳木斯，一九四九年國共和談期間，海競強被放回南京，又歸到父親部下起任華中長官公署少將高參。到了台灣，海競強被革去軍職，永不錄用，因為曾被俘虜過。

海競強跟隨父親從北伐到國共內戰，出生入死。在大陸時期，受到父親的器重，風光一時。來到台灣，生活困蹇，極不得意。父親本身處境困難，對他這個外甥子弟兵竟也愛莫能助，父親內心是痛惜的。

因為蔣、李與蔣、白之間的恩怨嫌隙，來到台灣桂系軍中的將官以及中下級校尉，或多或少都受到壓抑、打擊，這是父親心裡一大負擔。

五〇年代攝於戰略顧問委員會前。戰委會是一個養老院，一些在大陸上戰功赫赫的老將軍到了台灣，都安置在戰委會裡。
一排左一白崇禧副主任委員，左二何應欽主任委員，左三顧祝同副主任委員，左四孫連仲，二排左一楊森，左四李品仙。

五〇年代初，美國顧問團駐台，致詞者為團長蔡斯。蔣介石左為何應欽，右為白崇禧、周至柔，極右為孫立人。白崇禧在美軍中有一定的聲望，白出席可撐場面。

一九六一年十一月十二日，高雄鳳山，蔣介石校閱陸軍光武演習。父親坐在宋美齡身後。
父親在台灣雖然身居閒職戰略顧問委員會副主任委員，但父親在軍中仍有一定威望，台灣一些軍政活動，父親仍舊應景參與。

第五章

總統之怒與怨

一九四九年是民國史上最悲慘、最沉痛的一年。國軍節節敗退，從一九四八年九月至一九四九年一月，四個月間，國軍從東北「遼瀋之役」、華北「平津之役」一直到華中、華東「淮海之役」（徐蚌會戰），三大戰役，國軍損兵折將，失去了一百五十萬最精銳的嫡系部隊。❶ 軍事失利牽動經濟崩潰，本來八年抗戰已經打得國庫空虛，民生艱困，接著國共內戰，龐大軍費造成巨額赤字，通貨膨脹如猛虎出柙，一發不可收拾，一夜之間法幣貶值，如同廢紙，連城市內中產階級也瞬間淪落為貧戶，跟著社會動蕩，學潮洶湧，知識份子極端不滿，整個大陸陷入水深火熱之中。蔣介石總統被迫下野，李宗仁代總統上任，美國不肯出面調停，和談破裂，國民政府幾次遷徙，終究大勢已去，一九四九年十月一日，毛澤東在北京宣布中華人民共和國成立。在大陸，民國史畫下了句點，在台灣，民國史延長了另一章。

蔣委員長領導抗日戰爭八年，終於取得勝利，一九四五年八月十五日日本宣告

❶ 翟志成，〈大陸易幟前夕大勢剖析〉，《當代月刊》，期 58-59（1991）。

投降，這時蔣委員長被中國人民視為「民族救星」，是他在國內聲譽最高的一刻。一九四三年開羅會議，蔣介石宋美齡夫婦與美國羅斯福總統英國首相丘吉爾平起平坐，中國被列為世界五強，蔣介石與宋美齡數度被亨利．魯斯（Henry Luce）創辦的美國最具影響力的雜誌《時代週刊》（*Time Magazine*）列為封面人物，稱譽為「抗日英雄」，蔣介石在國際上，聲名大噪，已具有了世界領袖的架勢。可是歷史無情，勝利短短四年，蔣介石卻失去了江山，倉皇東渡台灣，國內，民心盡失，國外，遭受美國遺棄，蔣偏促海島一隅，反攻大陸的夢想始終未能達成，從蔣介石到台灣後的日記裡看來，蔣常常怒氣沖天，怒罵桂系、怒罵美國人，甚至連宋子文、胡適、何應欽等人皆一一詬病，連最親信的陳誠也不能免。

胡適：

1959年11月20日，因胡適反對蔣介石違憲三連任，蔣日記：「此種無恥政客，自抬身價，莫名其妙，誠不知他人對之如何厭惡也。可憐實甚！」

1960年10月13日：「此人實為最無品格之文化買辦，無以名之，只可名曰『狐仙』，其乃危害國家，危害民族文化之蟊賊，彼尚不知其已為他人所鄙棄，而仍以民主自由來號召反對革命，破壞反共基地也。」

宋子文：

1952年10月17日：「對於子文在三十六年行政院任內擅自動用中央銀行改革幣值基金一段甚費躊躇，然此為歷史重要部分，欲使後人對經濟失敗之教訓有所警惕，不得不實錄其事也。子文害國敗黨，私心自用之罪過太多，而以此為最也。」

胡適三〇年代巡視廣西，對於當時廣西「新斯巴達」式全省皆兵的建設十分讚賞，中日戰爭迫在眉睫，胡適認為廣西的武化青年正是國難當頭的希望。

一九五二年十一月十九日，胡適第一次由美返台，父親至松山機場接機。父親尊重知識份子，嚮往胡適等人提倡的民主自由。

1955年7月30日，上星期反省錄：「此張（學良）、孫（立人）皆為子文所力薦，子文貽害國家，不僅其本身作惡多端而已，可痛。」

陳誠：

1950年1月31日，本月反省錄：「辭修心理病態甚深，與人不能相處，此為一重大損失也。」

何應欽：

1971年4月25日：「大陸之所以失敗即在用人不當，乃不得其人也。子文、應欽、果夫實為黨政軍之罪人，實為余用人不當之咎也。」

從蔣介石在台灣日記中的用詞看來，他的怨恨最深的恐怕是父親白崇禧，父親與蔣介石有四十年分分合合、恩恩怨怨的複雜關係，最後大家山窮水盡到了台灣，蔣對父親竟仍如此滿懷憤恚，這種仇恨心理，值得深究，從下面幾件事項，可見一端。

一、剔除中央評議委員會

國民黨中央評議委員會，乃直屬中央委員會之單位，按照黨章，黨主席及各級委員需向中評會報告，並聽取建議，但實際上中評會，只是國民黨退休人員養老的地方，慣例上一屆中央執行委員、中央常務委員退下來會被選入中評會，中央評議委員等於黨的榮譽職。父親在國民黨第六屆全國代表大會時（一九四五年召開），獲票選為中央常務委員第六名，一九五二年第七屆按照慣例，應被選為中央評議委員。蔣介石在名單上特別將白崇禧剔除，日記中如此記載：

1952年10月18日：
決定人選方針：
掃除白崇禧等叛黨禍國之桂系敗類不再包容，免貽後患，此為二十年來第一之決心，若非如此，則黨國紀律無由整肅，即使改造亦無效益，更不能言及反共抗俄之任務矣。

1952年10月19日：
（行政院長陳誠希望白崇禧、顧祝同、蔣鼎文、錢大鈞等列入中評委名單，蔣不允）是其對復興革命精神全失矣，故決遺棄，不再改變。否則換湯不換藥，又將何以建黨，更將何以反共抗俄耶？聞白崇禧與劉健群皆以未提其名，而失望先退矣。

1952年10月25日，反省錄：
二、本黨代表大會提出評議委員名單，除去白崇禧與劉健群二名，乃為革命清除渣滓第一決心之表示，亦為今後革命組織最有效之一者。劉之投機雖不如白之甚，但其取巧敗黨之惡行則一也；而白之罪惡舉世上所有無恥、汙穢、貪劣、腐敗、倒戈、叛逆軍閥奸詐險狠冷酷諸德乃集其一身有餘，二十六年來忍受其誣衊陷害，余亦不自知何有如此之耐力耶？然而今亦惟除其黨內之名位而已，而其軍職猶在也。三、黨中除白之名位，對其本人處分事小，而於革命之紀律與精神之影響最大，二十六年來黨政軍之敗壞與革命之不成，因素雖多，而廣西桂系軍閥之作祟，實為其中心也，相信此根除去，則黨事乃有可為矣。

1952年10月31日之反省錄：

一、黨務七全大會除去白崇禧委員之名，與賀衷寒、劉健群等不在提名候選人之列，不僅消除以往黨內之糾紛，而且將投機慣叛之桂系革命之渣滓垃圾打掃淨盡，此七全大會最大之成就，乃為本黨六十年自有組織以來空前未有之成功也。

看到蔣介石日記中這些「內心獨白」，不禁令人吃驚、駭異，蔣以總統的身分高度對一位跟隨二十餘年的老部屬竟口出惡言，極盡謾罵詆毀，所有最惡毒的語言都用上了。北伐時，父親應蔣總司令的力邀，出任國民革命軍參謀長，一同並肩打天下，推翻北洋軍閥；抗戰軍興，父親第一個響應蔣委員長號召，飛南京參加抗日，八年抗戰，父親跟隨委員長，運籌帷幄，馳騁沙場，立下汗馬功勞；內戰期間，父親是第一屆國防部長，與林彪戰到最後一兵一卒，毛澤東數度誘降，父親堅持到底，不為所動。其間父親與蔣衝突，都為的是國家興亡大事，並非私人恩怨，父親冒險入台，還是為了民國，希望反攻大業，能盡一己之力，可是蔣介石心中對白崇禧的怨毒卻是如此之深，蔣的心理值得深究。

大陸驟然失陷，「四十年來家國，三千里地山河」，對蔣介石總統心理打擊之沉痛，是無法形容、無法衡量的。作為一國之領袖，對於國家興亡的歷史責任，無法逃避。但要赤裸裸面對這沉重如山的亡國之痛，需要多大的勇氣，多大的擔當。即使蔣介石是一位具有鋼鐵意志的強人，突然面對這天崩地裂的巨大災難，自己的聲譽地位一下子從「民族救星」的雲端墜落至「民族罪人」的谷底，一時間，心理上也難以承擔，很自然的心理防衛便是怪罪他人，「桂系奪權」便很容易變成了替罪羔羊，桂系領袖雖然李、白相稱，其實在蔣心中，卻認為白才是桂系中真正的「主腦」，所以一腔怨毒便向著白來。蔣介石在日記中也檢討大陸失敗的原因，但結論總是自己識人不明，用人不當，最後還是諉過於人。1951年4月27日日記云：

> 近日重新校二十二年冬季《事略》，甚覺對人不校與用人無方，貽誤國家，為害革命，罪莫大也。以李濟深、陳銘樞、白崇禧、李宗仁之背黨叛國，不止一次、二次，宋子文、張學良等陰謀不軌，希圖篡竊之行動，路人皆知，而余毫不戒備，反引用加重，此不僅獎惡而實自殺，所謂不問恩怨，不念舊惡者果如此乎？

五年後，蔣又反省。1956年11月14日日記云：

> 遷駐台灣八年來之反省，最堪痛心者，乃子文在政治、經濟上之奸詐行為，實與黨務上之汪逆精衛，軍事上之白逆崇禧罪惡相等，惟其行動為私心自用，敗壞國事，而非叛變已也。

又過了一年，對白崇禧還是耿耿於懷。1957年4月1日：

> 近來甚悔過去三十年，對於用人不當，與知人不明，以致受挫受辱，不知所止。對於軍事方面，高級將領屢叛屢撫之徒，如白崇禧、唐生智等各長陸軍訓練總監，而對其職務毫不負責，徒借此職位以為其爭權奪利與叛亂倒戈之憑藉。

明朝崇禎皇帝煤山上吊前大罵群臣：君非亡國之君，臣皆亡國之臣。然而沒有亡國之君，何來亡國之臣？崇禎用人多疑，連抗清兵大將袁崇煥，也被凌遲而死，自毀長城。明朝亡在崇禎手裡，並非無因。蔣介石把在大陸上的軍事失敗推到父親白崇禧身上，從客觀歷史的紀錄來看，是完全站不住腳，而且極不公平的。事實上是蔣在關鍵時刻未聽從他的最高軍事幕僚長白崇禧的建議，而誤了大局：

一為一九四六年四平之役，林彪大敗，白力主趁勝追擊，直取哈爾濱，殲滅林彪部於東北，蔣逕自驟發停戰令，林彪坐大。

二為一九四八年徐蚌會戰（淮海戰役），白主張「守江必先守淮」，設剿總於蚌埠，統一指揮，五省聯防。蔣另設剿總於徐州，任劉峙為華東剿總司令，以分白的指揮權。中外歷史學家如費正清（John Fairbank）、《紐約時報》資深記者陶平（Seymour Topping），中國軍事史家劉馥博士都有專著論及此役，一致結論是蔣介石用指揮官不當，沒有重用白崇禧，是徐蚌會戰失敗的重大原因。[2]

香港政治評論員曾節明的一篇歷史評論，篇名即為：〈排斥白崇禧是蔣介石丟失大陸的人事原因〉。曾文全篇細數蔣對白的任用，矛盾猜疑，終誤大局，他的結論：「對於這樣一位有著頭號建鼎之功，且無比堅定反共的軍事天才，蔣介石是如何使用的呢？兩個字：排斥。」[3]

大陸失敗，到底誰該負最大責任？

美國政府、西方學者、專家、新聞記者矛頭一致指向蔣介石。一九四九年八月五日，美國杜魯門政府發表「中美關係白皮書」，一千多頁的長文，最後把國民黨在大陸失敗完全歸罪於「蔣介石集團貪汙無能」，與美國無關。英國著名政經雜誌《經濟學人》中國專家，柯羅契（Brian Crozier）於一九七六年發表的蔣介石傳，書名就叫《失去中國大陸的那個人》（*The Man Who Lost China*）。❹美國哈佛大學費正清中國研究中心的歷史學者陶涵（Jay Taylor）二〇〇九年由哈佛大學出版的《蔣介石與現代中國之奮鬥》中，替蔣介石翻案，算是近年來對蔣最友善的學者了，可是在他最後蓋棺論定有這樣一段：❺

> 前總統尼克森從加州聖克萊門發表聲明，稱蔣為「我們這個時代歷史巨人之一」，但這卻未獲共識。大部分的歷史學家及新聞記者即使以最寬厚的眼光來看他，也只能是：擁有一切有利條件，但最終還是「失去了中國」的那個人。羅素．貝克稱蔣的失敗「壯觀」、「驚人」。他的失敗與隆巴第的勝利等量齊觀，❻但很多人卻響應故去的史迪威將軍的看法：蔣介石是一個傲慢、無知、無能的領導者，只會追求權力，他對抗日戰爭、對中國、對中國人民毫無貢獻。《紐約時報》寫道他的死亡讓人記起「二十世紀政治史中一則巨大的妄想」——委員長繼續不斷的宣稱他即將從他小小的根據地反攻大陸，擊敗強大的解放軍。蔣應該引以為傲，如果他知道那麼多人長久以來居然相信他真的會打敗共產巨人。

❷ 白先勇，《父親與民國》，上冊（台北：時報文化出版，2012年），頁313-314。

❸ 曾節明，〈排斥白崇禧是蔣介石丟失大陸的人事原因〉，《博訊》，2009年4月4日，（www.peacehall.com）。

❹ Brian Crozier, *The Man Who Lost China: The First Full Biography of Chiang Kai-shek* (New York: Charles Scribner's Sons, 1976).

❺ Jay Taylor, *The Generalissimo- Chiang Kai-shek and the Struggle for Modern China*, p. 586.

❻ Vince Lombardi，美國足球教練，所領隊伍以常勝聞名，此處有譏諷意味。

蔣介石第三次下野後，李宗仁代總統期間，父親與共軍周旋半年，但大勢已去，無力迴天，蔣介石把國庫黃金運去了台灣，華中部隊兩個月發不出軍餉，即使處於如此劣勢，父親在湖南青樹坪還是將林彪部隊擊敗一次，惹得毛澤東怒稱白崇禧是「中國境內最陰險狡滑的軍閥」。[7]

中央評議委員其實只是一個虛名，蔣介石故意將白崇禧從名單中剔出，就是要羞辱他，懲罰他。

二、黃鐵駿事件

父親一向重視中國空軍，遠在三〇年代主政廣西之時，便在廣西成立航空學校，聘請外籍教師訓練成一支廣西空軍。抗戰軍興，廣西空軍歸附中央，所以中央空軍一向不乏桂籍成員，廣西空軍，抗戰時犧牲頗眾。抗戰期間，父親兼任軍訓部長，向軍委會提出三項建議：一是設立空軍幼年學校，招收小學畢業生，在學六年，除了學習普通中學課程外，加強軍事知識的教育，還有跳傘、滑翔等體育活動，為空軍培養富有精神的未來軍

[7] 語出由毛澤東草擬的「軍委關於殲滅白崇禧部的部署」（1949年9月8日），《中共中央文件選集》，第18冊（北京：中共中央黨校出版社，1992年），頁454。

上｜父親參觀空軍，與空軍官兵合照。

下｜父親參觀空軍，爬F-84戰鬥機上。
父親一向重視空軍，愛護空軍。三〇年代廣西時期便成立廣西航校，訓練一支廣西空軍，後任軍訓部長時，在四川灌縣成立空軍幼校、空軍士官學校、空軍通訊學校。獲頒一等空軍榮譽勳章。

官幹部。空軍幼校，替國軍培養了不少空軍人材，到台灣來的空軍飛行員，多為空軍幼校子弟。其次是設立空軍士官學校，招考中學畢業生，培養地勤專業人才。三是設立空軍通信學校，提升空對空，地對空通信技術。三項建設都被採納，空軍幼校、空軍士校及空軍通信學校，分別在四川灌縣、銅梁等地設立。父親白崇禧也因為提出這三項重要建議，於一九四三年國慶日獲頒一等空軍復興榮譽勳章。父親在國軍空軍中，頗受尊敬。

黃鐵駿為空軍第四大隊上尉作戰官（桂籍），一九五四年二月十九日夥同軍械士劉銘三，在新竹機場駕駛一架**B-25**轟炸機叛逃，在浙江三門降落。副駕駛方本成不願投共，黃鐵駿持手槍令其跳傘。據方本成回憶，黃鐵駿稱他已將劉銘三打死，不過事後證明，劉不但未死，還是黃的同謀。**B-25**配有八挺五〇機砲，黃本來企圖飛臨台北中山堂上空掃射，時蔣介石與國大代表正在開國民大會選總統。空軍戰管雷達稱其曾俯衝兩次，但機砲電門故障，沒有成功。事後該聯隊主管皆受懲處，方本成跳傘落地，受國家安全局多方盤話，但最後查無實據結案。方日後飽受監控，再也不能登機出勤。[8]

黃鐵駿駕飛機投共，在台灣是首次，震動軍心，可想而知，是台灣國防上一件大事，蔣介石當然極端重視此事，他的日記如此記載：

1954年2月20日：

經兒來報，昨有我飛機一架，被桂籍黃鐵駿駕駛員擊殺其射擊手，放出其另一副駕駛員跳傘降落，而其自飛匪區。據報，受白崇禧指使，聞之痛苦。白逆與桂系之罪，不能再宥矣。

入府聽王叔銘報告，更證其為桂系擾亂國大之陰謀。本當時該黃逆之時間不及，未能在台北上空掃射爾。

1954年2月20日，上星期反省錄：

四、國大開會之日，桂籍飛行員在練習飛行時，先殺害射擊手，又逼副駕駛同謀，預先擾射國民大會，損害政府聲威以後，再逃匪區降敵。幸其副駕駛堅決反對，自願用降落傘中途降落，彼黃逆乃以時間過遲，未得實施掃射而直飛大陸。但至星期日匪軍仍無廣播消息，可能已為匪方空中擊落矣。此為本周最不利之消息，但幸得如天之福，未有掃射耳。

1954年2月21日

召見叔銘，聽取其對黃鐵駿案之報告，認此必為白崇禧所煽惑，以黃每來台，必住白家也。

黃鐵駿投共事件，蔣介石在日記中把父親白崇禧牽扯入內是極為荒謬的一件事。首先，父親根本不認識黃鐵駿，二人從無來往，而且我們松江路的房子早已人滿為患，怎麼還容得下一個非親非故的空軍飛行員常來借宿。父親與黃鐵駿兩人唯一的關連便是同為桂籍，都是廣西人。這就牽涉到蔣介石一個大心病了。蔣介石與父親幾十年的相處，以他對父親的認識，他自己也絕對不會相信以父親對中國空軍的愛護，他的反共立場，

8 王立楨，《飛行員的故事》（台北：旗林文化，2005年），頁57-70。

會去煽動一個小空軍投共，做出這種叛國罪行。但蔣介石對「桂系」、「廣西子」恨之入骨。一看到黃鐵駿是桂籍，心理上馬上產生條件反射作用（conditioned reflex），聯想到白崇禧。蔣既然認定「桂系」、「廣西子」都是叛逆之徒，桂籍黃鐵駿叛國，必定也就與「白逆」有關。

失去大陸江山，蔣介石受到如此巨大猛烈的打擊，恐怕心理上已經產生了各種障礙病態。把父親牽扯入黃鐵駿案，就是典型的妄恐症（paranoia），懷疑周遭的人都在迫害他、背叛他。白天國事如麻，蔣必須運用他的鋼鐵意志，理性處理，但到了更深人靜，他獨自燈下，撰寫日記，打開他的內心世界時，各種心魔，便湧現了。妄恐症出現最多。事實上，大陸變色，蔣介石的確遭到眾叛親離的重大打擊。國軍「陣前起義」投共的部隊，發生好幾起，如傅作義不戰而降，北平陷落；雲南六十軍軍長曾澤生，陣前倒戈，長春陷落；連蔣最親信的「肱股之臣」張治中也倒向了毛澤東。黃埔一期戰將陳明仁在湖南叛變，其他本來就與蔣不合的各路人馬，龍雲、盧漢、程潛、唐生智等紛紛背棄也就不足為奇了。蔣用人本來就以忠貞為首要條件，對這些叛徒焉能不恨。這種仇恨，常常也就擴大，變成疑心病、妄恐症了。

黃鐵駿案牽拖白崇禧也許是空軍司令王叔銘為了推卸責任先意承旨，嫁禍於白，但蔣介石下意識裡恐怕也希望白崇禧真與此案有關，如此「白逆與桂系之罪，不能再宥矣。」這件事，當然是子虛烏有，過了一天後，蔣的日記未再提起。又一次，心理報復，蔣把白崇禧當作「白逆」痛罵了一番。

黃鐵駿事件牽連甚廣，此後廣西籍飛行員，一律停飛。

三、被逼辭去回教協會理事長

父親生於桂林縣山尾村，山尾村居民多信奉回教，有清真寺一所，父親便出生於一個回教家庭，我們的族譜記載，始祖伯篤魯丁公乃元朝進士，在江寧府（南京）作官，到了明朝我們的先祖才改漢姓白，可見我們家並非漢族。父親後來成為中國回教界領袖，烏默爾白（**Omar Pai**，父親的回教名字），揚名回教世界，恐怕是父親始料未及的。

抗戰軍興，民國二十七年國府遷都武漢，當時日本人欲分化西北回教，慫恿西北馬鴻逵、馬步芳主席在西北成立一回教國。蔣委員長與父親商量，認為中國回教應該有組織，以抗日本分化企圖，於是父親在武漢召集各方回教代表開會，成立「中國回教救國協會」，推舉父親為理事長，二十八年秋在重慶召開第一屆全國回教協會大會。「開大會時，為鄭重起見，大家要我去請委員長主持大會，我去見委員長，委員長說他是基督徒，我說不是以宗教的立場，你是國家最高領袖，以政治立場出席主持，以示重視。」❾三十一年再開大會時，將「救國」二字去掉。父親自民國二十七年擔任首屆中國回協理事長，至民國四十六年被迫辭職，共二十年之久，對中國回教近代發展，貢獻至鉅，賈福康編著《台灣回教史》中稱白崇禧將軍為「近百年來我國回民最偉大的領導者。」❿

❾ 馬天綱、賈廷詩、陳三井、陳存恭（訪問、紀錄），《白崇禧先生訪問紀錄》，下冊，頁 576。

❿ 賈福康，《台灣回教史》（台北：伊斯蘭文化服務社，2002 年），頁 73。

五〇年代，父親與高雄軍中回教官兵合影。

父親白崇禧對回教的貢獻

大陸部分：

一、中國有四千五百萬回民，一盤散沙，回協迅速在全國各省縣市組織分會、支會、醫會，使全國回教教民納入組織，從事抗戰工作。回民驍勇善戰，西北馬家軍抗日多有貢獻。

二、西北漢回之間有歷史的裂痕，回民拒讀漢書。回教協會規定每一村鎮設一小學，由教長任校長，一面教導學生讀經和阿拉伯文，一面讀小學規定的〔中文〕教科書。

父親有改革進步的思想，他一直認為回教世界從前有輝煌的文化歷史，因為保守跟不上時代，所以近代沒落了，他一再著重教育，尤其鼓勵回教婦女進學，不贊成回教婦女蒙面紗。

三、培養回胞文武青年人才

回教協會決議每一清真寺設立一小學，在課程外，唸阿拉伯文，唸回經，使學生不忘回教之義。

鼓勵私人興辦中學，收回民子弟入學。

獎勵回教青年投筆從戎，喊出「十萬回民十萬兵」的口號，在桂林軍校第六分校中特設立回教青年總隊。在西北軍校第七分校中也特別召收回教青年。回教學生受過養成教育的有二千五百人以上。現在來台灣的回教青年幹部，已經有當校官或將官的了。

保送回教青年軍官及文科學生到各回教國家留學，土耳其、埃及每年都有若干名額。這些留學生回國多到外交界及學界服務。有的升為回教國家的大使武官、政治大學東語系的教授，也是這批留學生。

一九五二年父親由回教人士陪同下高雄，在高雄清真寺與教友一同禮拜。
（徐宗懋提供）

四、與中東近東國家建立外交關係

抗戰初期，和我們有邦交的國家，只有土耳其、黎巴嫩、伊朗少數國家，父親向委員長建議，由回教朝覲團先進行國民外交，試探回教各國，凡欲與我們建交的國家，即進行建交，後來陸續和其他回教國家一一建立外交關係。

回教協會在台灣

父親來到台灣之後，大陸上經過天旋地轉的變動，江山易手，這時宗教上精神的慰藉，更顯重要了。從前在大陸，大部分的時間，都在為國家奔馳沙場，無法嚴守宗教儀式，我聽父親說過，只有大軍出征之前，他必向真主祈禱，生死置之度外，然後毅然開赴前線。在台灣，父親賦閒，他有較多時間，每星期五到清真寺主麻，齋月有固定的祈禱和禁食，父親也堅守。那時台北的清真寺在麗水街，一幢簡陋的日式木屋裡，父親是回教協會的理事長，仍然受到回教人士的崇敬。他到清真寺跟回教朋友相聚，他感到人情溫暖，如閔湘帆、仝道雲夫婦，兩位立法委員，便是父親死忠的教友；還有開古玩店永寶齋的常子萱、常子春兄弟。政界的世態炎涼，父親當然深有所感，但至少在回教朋友圈內，父親還享有應有的尊重。

回教國家因宗教關係，多持反共立場，國府當然也就極力攏絡各回教國家有力人士。一九五〇年代，到台灣來訪的回教領袖甚眾，父親在回教界本來就享有國際名聲，他在台灣以回教協會理事長的身分，理所當然要出面接待這些回教貴賓訪客。

初到台灣，中國回教協會設址在麗水街日式房屋，設備簡陋，是回協蓽路藍縷時期。

一九五四年七月十六日，攝於台北麗水街清真寺。
回協在台灣所做的重要工作之一乃重譯回教聖經《可蘭經》。
父親以回教協會理事長組織譯經委員會。

馬來西亞國父東姑拉曼與父親有私交，每次來台訪問，必然拜訪父親。

一九五五年，中國回教協會歡迎伊拉克議長賈瑪黎博士來台訪問，在我們松江路一二七號住宅門口留影。

一九五五年，回教協會歡迎世界道德重整會回教國家會員瑪斯穆地、瑪基德、伊斯美三位先生訪台。

一九五八年，土耳其總理來訪。

一九五八年，伊朗國王巴勒維來訪。

一九五九年，約旦國王胡笙來訪。

一九六四年，伊朗巴勒維國王之弟戈萊（Gholam Reza Pahlavi）親王來訪。

世界回教人士來台訪問如此頻繁，而台北竟沒有一間像樣的清真寺讓他們參觀、禮拜，實在說不過去，有關國家顏面。於是在台北建築一所頗具規模的清真寺便變成父親在台灣回教協會理事長任內最大的一件心事了。他首先向外交部長葉公超爭取，葉公超跟父親私交甚篤，是說得上話的。葉部長鑒於外交所需也極力贊成此項計畫，撥款協助回協。回協立刻成立清真寺擴建委員會，提出建置計畫圖案，外表是阿拉伯式，內部是現代化設備。從一九五八年十一月開始興建，到一九六〇年一月完工，共費六百萬元，除了政府貸給外，回協也在四處奔走，在國內外募款得一百多萬。土耳其總理孟德斯、伊拉克親王阿不都伊拉、伊朗國王巴勒維、約旦國王胡笙訪華時均有捐贈。

坐落於台北新生南路的回教清真寺，全按伊斯蘭建築風格，相當宏偉壯觀，是當時台北的地標之一。一九六〇年四月十三日舉行清真寺落成典禮。除邀政府首長、各國駐華使節參加外，並邀請東南亞國家回教領袖來參加盛典。

是日陳誠副總統、各院部首長、各駐華使節都到了，盛況空前，從照片中父親的笑容看得出來，那恐怕是父親在台灣罕有的真心喜悅、欣慰的日子。從此後，新生南路的回教清真寺便變成了父親心靈寄託的所在。

父親一生都有強烈報國之心，在台灣兵權、政權兩空，有志難伸，作為中國回教協會理事長，回教界領袖，他當然認為應盡力協助政府回教外交，與世界回教重要人物交流。可是他這份報國之心，看在蔣介石總統眼裡被曲解。

蔣介石日記1951年5月10日：

> **每想及白崇禧之無恥越職，挾外自重，且以其個人名義，賀埃及王婚禮得覆為榮，此逆終為國家之患，必無悔禍之望也。奈何，應再加以警誡乎？**

父親以中國回教協會理事長去電恭賀埃及王婚禮並無不當，對國家外交只有加分。埃及王指福阿德二世（Aḥmad Fu'ād），其父為法魯克一世。父親遠在一九三八年便與埃及親王穆罕默德阿禮（Muhammad Ali）有來往，父親贈其照片一幀，上款題：穆罕默德阿禮親王殿下，下款：烏默爾（Omar）白崇禧。此幅大型照片，今存埃及皇宮。蔣介石失去江山，對父親已經產生妄恐症（paranoia）式的忌恨，常常無中生有，如此平常的一張賀電，竟曲解成「挾外自重」、「國家之患」。事實上是，蔣在台灣，有計畫的打壓父親，把白崇禧塑造成「背黨叛國」的「白逆」罪人。連白崇禧在回教世界的崇高地位，蔣也仇視，蓄意逐步銷毀白在回教界的影響力。

中國回教協會歡迎伊拉克議長賈瑪梨博

一九五五年五月七日，中國回教協會歡迎伊拉克議長賈瑪黎（前排右四），攝於松江路一二七號前。

中國回教協會歡迎世界道德重整
瑪基德．伊斯美三位先生蒞台攝影

一九五五年六月二十五日，中國回教協會歡迎世界道德重整會回教國家會員瑪斯穆地（前排左五）、瑪基德（前排左四）、伊斯美（前排左三）。

一九五九年三月十日，約旦國王胡笙訪台，至台北清真寺，父親與回教知名人士熱烈歡迎。時清真寺正在建築中，胡笙國王慷慨捐贈。

上｜一九五九年三月十日下午五時，約旦國王胡笙陛下（左一）蒞臨正在興建中的台北清真寺，父親與回教道親仝委員道雲（右三）及白委員建民（右二）等列隊歡迎。

下｜中國回教協會理事長時子周（左一）呈獻台北清真寺素描一幅，恭請胡笙國王陛下（右一）御覽。王世明教長（右二）擔任傳譯。

一九六三年冬，馬來亞議會訪問團至台北，由父親接待，左六為議長歐馬，右五為谷正綱。

父親雖然被迫辭去回教協會理事，但世界各國的回教領袖訪台，仍指名要拜訪General Omar Pai Chung-Hsi。

一九六四年，伊朗巴勒維國王之弟戈萊親王（Gholam Reza Pahlavi）來台訪問，父親出席歡迎酒會。右二為外交部長沈昌煥，左二為禮賓司長夏功權。

一九五二年，日本國際回教協會會長宇垣成一有意聘白崇禧為該會名譽會長，蔣介石命蔣經國密電駐日大使董顯光阻止。1952年11月17日「蔣經國致董顯光電」：

> 東京董大使顯光：密。據報日本國際回教會會長宇垣成一，理事長佐久間禎認為日本回教運動絕不能脫離與中國人士之合作而獲得發展，且願以我國回教活動為基礎，有聘白崇禧為該會名譽會長之意籌情逕呈。奉諭請先生轉告宇垣，勿與白聯繫，以渠不能代表我國回教也等因，特電，請查照。⓫

日本回教協會開會，父親去電道賀，蔣大怒。前上海市長錢大鈞的日記有這樣的記載：

> 今日晤何輯五，據云最近蔣先生見到凡有同白一起之照相均撕去，又曾下令現役軍人與國際間往來須通過國防部，尤須注意戰略顧問委員會，探其原因，乃因前次日本回教開會，白健生曾去電道賀，由來云此。可見總統對白之仇恨矣。⓬

錢大鈞與父親有私交，兩人抗戰期間在重慶西溫泉共同辦過西溫泉中、小學，錢大鈞本來是蔣介石的侍從室主任，為蔣親信，後來因故得罪蔣，到台灣也極不得勢，看到父親

⓫ 「蔣經國致董顯光電」（1952年11月17日），《蔣中正總統文物》，國史館，典藏號：002-080200-00642-068。

⓬ 錢世澤（編），《千鈞重負：錢大鈞將軍民國日記摘要》，冊3（台北：華品文創，2015年），頁1506。

一九三八年父親以回教協會理事長贈埃及穆罕默德阿禮親王，父親自稱烏默爾白崇禧Omar Pai Chung-Hsi，烏默爾Omar是父親的回教教名，這幅大型照片今存埃及皇宮。

的處境，不免物傷其類。何輯五乃何應欽胞弟，與父親有舊，知道蔣撕相片之事，一定頗為吃驚，趕緊告訴錢大鈞。

蔣介石對於白崇禧在回教界的影響，一直耿耿於懷，必欲除之而後快。首先組織五人小組「回教工作指導小組」，專門研究如何壓制白崇禧，由袁守謙、周宏濤、上官業佑、張炎元、郭澄五人組成。此五人多為蔣親信或高層情治人員：

袁守謙：黃埔一期，特務首腦，政工首腦，復興社（軍統局前身）主要發起人，曾任華中剿總秘書長，其實是蔣介石派去武漢監視白崇禧的人員。他對白的情況當然瞭如指掌，經常向蔣告密有關白的行動。

周宏濤：浙江奉化人，是蔣介石同鄉，曾任蔣機要秘書。

上官業佑：曾任國民黨省黨部主任委員、中央第五組主任，專管黨務、情治。中國回教協會下面成立中國回教青年分會，青年分會與世界其他回協青年分會聯繫，派出優秀回教青年，出席世界會議，展開國民外交工作。青年分會的活動正在積極發展，突然中央黨部第五組下令分會停止活動，這當然是上官業佑奉命行事，也是削弱白崇禧的回協一個舉動。

張炎元：曾任國防部情報局局長，與毛人鳳、季源博等情報頭子齊名。

郭澄：歷任省政府秘書長、國民大會秘書長，專搞黨務。

這五人小組首要任務便是如何逼使白崇禧辭去中國回教協會理事長的職務，削弱白在回教世界的影響力，但蔣介石不敢明目張膽令白辭去理事長職位，因為怕回教界反彈過大，只有暗使手段，步步相逼，使白知難而退。手段之一，便是成立中國回教青年愛國大同盟，簡稱「回盟」，與白領導的回協唱對台戲，分庭抗禮，瓜分回協的資源。回盟由在回教界並無地位的蕭永泰領導。蕭得政府支持，曾帶團往麥加朝聖三次。

一九五五年七月八日，袁守謙交了一份報告由秘書長張厲生呈給蔣介石批閱，這份報告乃「為白崇禧在台積極從事宗教活動，以為其政治生命開拓新的領域」⓭。這份報告，分析在台回教教胞約二萬人，百分之七十在軍中，並分析中東近東各國回教華僑人數：「**根據前項分析，對白崇禧之活動，應以防止其發生國外影響為要著。近年選派回教朝聖團人選，即係本此原則辦理，其在國內活動，雖見積極，但影響不大。**」這份報告還建議：「**加強黨的領導，扶植回盟組織，使其取得合法地位，並削弱白氏在回協之影響力量。**」

回教教徒一生中最期望的一件事就是能到麥加聖地朝覲一次。父親身為中國回教協會理事長，往麥加朝覲當然更加心切。一九五七年約旦王胡笙邀請白崇禧往麥加朝聖，外交部長葉公超呈報蔣介石，蔣在日記中把葉公超痛斥了一番：

> 1957年9月18日：
>
> 公超力保白崇禧為其隨員，訪問中東回教各國，此誠太不知人矣。奈何？

⓭「張厲生呈」（1955年7月8日），《總裁批簽檔案》，黨史館藏，典藏號：總裁批簽44/0133。

五〇年代，台北的清真寺在麗水街一幢日式房屋內，父親時任中國回教協會理事長，他認為當時許多回教國家的領袖來訪，以及其大使館外交官做禮拜，麗水街清真寺實在無法接待，他向外交部力爭建蓋合規格之清真寺，回協並向各處募款。一九六〇年，新生南路清真寺終於落成，是當時台北的地標之一。

一九六〇年四月十三日，台北清真寺落成典禮，國府高層陳誠副總統（前排左五）、戰略顧問委員會主任委員何應欽（前排左四）、總統府秘書長張群（前排左六），以及回教國家外交人員皆參加。（徐宗懋提供）

一九六〇年四月十三日，台北清真寺落成典禮，除各國回教使節，陳誠副總統（右二）也來道賀。父親笑容燦然，那是他在台灣逆境中難得一次發自內心的歡愉。此後，新生南路清真寺便成了他精神上的歸宿。

蔣介石這邊正極力打壓白在回教界的影響力，葉公超不識相，居然力挺白崇禧到中東去出風頭，難怪蔣介石惱怒。葉公超與父親私交甚篤，惺惺相惜，後葉公超以外蒙入聯合國案與蔣意見不合，又因私下批評蔣被打小報告，丟掉外長一職。

蔣介石自認篤信基督教，雖然信仰基督是宋美齡與他結婚的條件之一，大陸江山土崩瓦解之際，蔣介石在日記中，常常呼喊「天父」，求助「上帝」，可見人在徬徨無助之時，多麼需要宗教的力量支持。但蔣卻體驗不到白崇禧跟他一樣也需要宗教的慰藉，蔣在日記中惡意的把白崇禧稱為「奸回」。⑭

父親當然感受得到當局對他回教活動處處掣肘為難，尤其成立回盟跟回協對立，扶持蕭永泰與父親作梗，送蕭三次到麥加朝覲。父親終於在一九五七年辭去他擔任了二十年的中國回教理事長的職位，並於八月三十一日寫了一封相當長的辭呈給蔣介石：⑮

> 總統鈞鑒：敬啟者，日本軍閥基於侵略國策，實現其大陸政策之野心，遂有八一三抗日戰爭之爆發。當時日寇除以軍事侵略外，在政治上分化我民族，離間我同胞，侵佔東北四省，成立偽滿組織，以溥儀為傀儡；鼓動內蒙地區獨立，以德王為傀儡；派間諜入藏，煽動達賴脫離中央，曾迫我取消駐藏辦事處。西北諸省回胞人數較多，敵擬成立「回教國」，乃於二十七年先派包頭商務督辦蔣輝洛往寧夏，煽動前馬主席鴻逵為傀儡，經馬拒絕，繼派瀋陽文化清真寺教長張子文再往寧夏。張抵北平，逗留不進，乃由日軍派飛機將張所擬煽動文件用通信袋投於寧夏。因馬主席

⑭《蔣中正日記》（未刊本），1949年11月2日。

⑮「白崇禧致蔣介石函」（1957年8月31日），油印原件，白崇禧專檔，美國史丹佛大學胡佛研究所藏。

抗日意志堅決，將該文件送呈中央，敵計未逞。當時鈞座鑒於敵人分化陰謀，辱承召見並指示，中國回胞在宗教方面應有統一組織，增加團結，協助抗戰，職本此要旨，當時在武漢與回教耆宿時子周、唐柯三諸先生商決，分電各省教胞，推舉代表至武漢開全國回教代表大會。開幕典禮恭請鈞座主持，嗣由大會決議，成立中國回民救國協會，繼改稱中國回教協會。其組織為中央政府所在地設總會，各省市（院轄市）設分會，各縣市設支會。在抗戰初期，各省均已照章普遍成立，全國回胞均納入回協組織之中。

本會成立以來，一本抗戰國策，對內團結教胞，增強抗戰力量，對外展開國民外交，爭取回教世界同情。自大陸淪陷，本會於三十八年冬季播遷台灣，教胞因交通困難，來台甚少，但本會重要理監事幾已到齊，會務照常進行。現本反共抗俄國策，爭取回教友邦，加強反共力量。

本會自成立以來，職承歷屆常務理事會同仁不棄，推選為本會理事長，迄今已居二十年矣。自問庸愚，殊少建樹。中央現正注重爭取回教友邦，打擊共產國際，允宜加強回協會務，配合反共國策。職才力綿薄，覆餗堪虞，已向回教協會常務理事會懇辭理事長職務，以免貽誤。第念本會在抗戰時期秉鈞座意旨而成立，今因會務無力推進，不敢尸位，經向協會辭職，謹報鈞察。肅叩

鈞安

職白崇禧謹呈　八月卅一日

父親被迫辭去回教協會理事長，心中當然氣憤不平的。信中除了詳述回協的歷史成因以及略數回協在外交的貢獻，信中的重點便是提醒蔣介石：當初是你要我出來組織回

協，充當理事長，領導全國回胞，而今你又命令下面的人另組回盟與我作對，逼我辭去理事長職位，是何道理？於是父親在信中附了一則附錄，把回盟的不合法性批了一頓，同時痛斥蕭永泰沒有資格代表回教界。這則附錄等於是一份向蔣的抗議書：

附錄

一、內政部規定全國性民眾團體、宗教團體，凡同一性質者，僅准單獨成立，以免分歧。中國回教協會成立有二十年，悠久歷史，隨同中央遷台，本黨中央委員會到台北後，又扶植蕭永泰組織中國回教青年反共建國大同盟，繼改為中國回教青年會，並由中央支持成立台灣省回教會，台北市回教分會，均係非法組織，與內政部法令牴觸，最近監察院曾提出檢舉，有案可稽。

二、蕭永泰不學無術，僅受過小學教育，到台後冒充民國大學畢業，在回教中更無資望，不足以號召回胞，事實昭然。其利用該非法組織之回教團體，對外招搖。每遇回教國際友邦人士訪台，既未受我外交部之委託，公然私自活動，與回教友邦人士接談，每作荒謬之言論，不特有損中國回教信譽抑且有辱祖國聲光。

三、民國四十四年回教朝覲團人選之遴派，本黨中央委員會不採納回教協會之建議，改派蕭永泰等參加，既未收國民外交之實效，反有侵蝕大陸災胞救濟總會救濟海外新疆同胞之劣跡，殊為有辱回教聲譽。

四、中國回教協會黨團幹事會乃黨部與協會之橋樑，溝通上下意旨，貫徹本黨政綱與政策，自中央委員會第五組指派馬煥文同志為書記，兩年以來，均未開會，曾經幹事會向中央呈請改選，未蒙批覆，呈請辭職，亦置之不理，隔膜殊多，遂令協會下情無由上達，中央意志無從得知，未免有失黨團作用。

一九六〇年台北新生南路清真寺落成後，父親每星期五便到清真寺禮拜，那裡是他精神所託，也是他感到教友們對他敬愛的溫暖地方。

真寺

五人小組終於完成任務，逼退白崇禧辭去回教協會理事長職務，袁守謙於一九五八年三月四日又打了一份報告，透過張厲生及上官業佑呈給蔣介石。這份報告的原由還是「為白崇禧利用中國回教協會理事長地位企圖再起，懇請注意事由。」奉批「交張秘書長研究核辦」，研究的結論：「惟因該案關係複雜，白氏領導回協有二十餘年歷史，自非短期所能解決，乃一面消極限制其參與國際各種活動，一面積極在人事上予以運用，直至四十六年六月白氏正式提出辭職，即敦勸時評議委員時子周先生繼任理事長，中間幾經洽商與分別疏導，至二月二十三日該會舉行常務理事會議，始正式通過白健生辭職，以時子周繼任。並聘定馬繼援同志為該會總幹事。」[16]

蔣介石命令他下面的五人小組使用各種明的暗的手段逼使白崇禧辭退回教協會理事長一職，以打擊白在回教世界的影響力。但蔣介石這個最終目的還是沒有達到，也不可能達到。白崇禧將軍（烏默爾白Omar Pai Chung-Hsi）的聲譽在回教世界仍然屹立不墜，不因為辭去理事長而動搖。白崇禧擔任回協理事長長達二十年，早在回教世界各國建立了名聲，白不僅是中國回協理事長，也是中國抗日期間蜚聲世界的名將，回教國家尚武，對傑出的軍事將領有一定的尊崇。回教國家首領到台灣來，第一個指定要拜訪的還是General Omar Pai Chung-Hsi。一九五九年，約旦國王胡笙來台訪問，由白崇禧全副戎裝出面接待，那是因為胡笙國王指定的，為了國家顏面，蔣介石也不便出面阻撓，只得徒呼負負。

其實父親的宗教觀相當寬容，他抗戰期間在重慶便發起宗教聯誼，包括天主教、基督教、回教、佛教，他與于斌主教、太虛法師一直有私交來往。他往往把宗教與軍事、

16 「張厲生、上官業佑呈」（1958 年 3 月 4 日），《總裁批簽檔案》，黨史館，典藏號：總裁批簽 47/0030。

一、內政部規定全國性民眾團體宗教團體凡同一性質者僅准單獨成立以免分岐中國回教協會成立有三十年悠久歷史隨同中央遷台本黨中央委員會到台以後又扶植蕭永泰組織中國回教青年反共建國大同盟繼改為中國回教青年会並由中央支持成立台灣省回教会台北市回教協会均係非法組織與內政部法令牴觸最近監察院曾提出檢舉有案可稽

二、蕭永泰不學無術僅受過小學教育到台後自稱民國大學畢業在回教中更無資望不足以號召回胞事實昭然其利用該非法組織之回教團体對外招搖矇騙回教國際友邦人士訪台既未受我外交部之委託公然私自活動與回教友邦人士接談每作荒謬之言論不特有損中國回教信譽抑且有辱祖國聲光

三、民國四十四年回教朝覲團人選之遴派本黨中央委員会不採納回協会之建議改派蕭

在台灣，當局有計畫的要削除父親在回教界的影響力，蔣介石下令組織五人小組：袁守謙、周宏濤、上官業佑、張炎元、郭澄這些搞特務、黨務的人員，專門執行這項任務，其手段之一，便是另設「中國回教青年愛國大同盟」，簡稱「回盟」，與父親主持的「回協」唱對台，奪取回教資源，回盟由不學無術在回教界毫無地位的蕭永泰領導。父親被迫於一九五七年上書蔣介石辭去回教協會理事長職位，但在信後附錄把蕭永泰痛批一頓（見圖），等於向蔣介石抗議。

政治合在一起考量。他認為宗教精神是除了軍事政治而外最能團結人心，共謀大業的一股力量。他舉例：「譬如鄂圖曼大帝國，雄跨歐亞非三洲，宗教精神為之也。華盛頓數年血戰，促使美國獨立，得力於清教徒之協助，宗教精神為之也。馬志尼根據馬丁路德新宗教道德創立少年義大利，與加富爾、加里波的共同復興義大利，宗教精神為之也。洪秀全起義金田，反抗滿清，定都金陵，奮鬥十五年，不幸中途失敗，而其發揚民族精神散布革命種子，國父孫公自幼以洪秀全第二自許，繼續民族革命推翻滿清，結束帝制，宗教精神為之也。」⑰

至到今日，父親在中國的回民圈內仍舊享有崇高的聲譽。英國著名政經刊物《經濟學人》（***The Economist***）於二〇一九年一月十九日那一期，登載了一篇記者到中國大陸查訪，中共對西北回教少數民族之政策，以及漢、回之間衝突的歷史問題，一開始記者便感嘆，可惜白崇禧將軍不在了，白將軍在一九三七至一九四五抗日期間是一位傑出軍事戰略家。他證明可以同時是位虔誠回教徒，也是愛國者，如果白將軍還在，也許新疆少數回民問題，便可迎刃而解了，他訪問幾位寧夏回民，他們都還記得白崇禧是位抗日名將。⑱

二〇一三年三月間，我去了西安一趟，西安有七萬多回民，有回民街，我去拜訪了大清真寺，寺內還保留了一塊抗戰時一九四一年父親到西安替清真寺題的匾額。當地回教父老都還津津樂道，談起父親到西安號召回民抗日「十萬回民十萬兵」的往事。我到一家清真飯館，這家飯館以羊肉泡饃出名，我走上樓梯迎面牆上竟掛著一幅父親舊照，老闆告訴我，他們以白崇禧將軍曾光顧過他們的飯館為榮，那也是抗戰時候的事情了。

⑰ 馬天綱、賈廷詩、陳三井、陳存恭（訪問、紀錄），《白崇禧先生訪問紀錄》，下冊，頁622。

⑱ Chaguan, "Losing hearts and minds," *The Economist*, Jan. 19, 2019, p. 44.

一九四一年六月抗戰時期，父親赴西安號召當地回民抗日：「十萬回民十萬兵」，在大清真寺題匾額：「興教建國」。抗戰期間回民軍隊如西北馬家軍，表現英勇。
匾額迄今仍留在大清真寺。

第六章 開國民大會

一九五四年二月十九日在台北召開第一屆國民大會第二次會議，第一次會議是一九四八年在南京召開。此次會議，連居留海外返國的代表一共一千五百七十八名，父親被選為主席團成員。此次大會的目的乃選第二任總統、副總統。國民黨提名蔣介石、陳誠為正副總統，莫德惠、徐傅霖等人陪選。蔣、陳高票當選。

在開第二次會議的前夕，蔣介石在日記中寫下這一條：

1954年2月11日

白崇禧在第一次國民大會時，矯令惑眾，謊言欺世，以為余面令其告代表黨員，而黨不加拘束。此種隻手掩天，跋扈凌上之邪惡言行，迄今思之，更覺痛憤。廣西子叛黨亂國之罪惡，不減於共匪之責民族。

一九四八年第一屆國民大會選總統副總統，李宗仁打敗蔣介石推舉之孫科，蔣顏面盡失，引以為奇恥大辱，六年後，思及此，猶憤憤然。又一次，把白崇禧批為「叛黨亂國」、「不減共匪」。因為白的助選，李宗仁才當選。當時選副總統風波不斷，傳言國民黨已內定孫科，李宗仁、程潛聲明退選，蔣介石要白安撫，白在大會上宣布蔣介石並未有特定人選，蔣大怒，認為白曲解他的意思。選副總統後，蔣、白之間又開始分裂。

一九五四年第一屆國民大會第二次會議，選出總統蔣介石、副總統陳誠。前排右四為父親。

議場
會第二次會議

國民大會第二次會議在台北中山堂召開，蔣介石接受廣場外一萬四千名韓戰反共義士之歡呼致敬。這次會議，蔣介石掌握全局，會議過程平靜無波。會議另一件大事便是罷免李宗仁副總統，其實李宗仁的副總統任期已到，根本不必罷免，罷免是羞辱他，同一批國大代表六年前曾高票選出副總統李宗仁。當然，會議罷免李宗仁，父親以及一些廣西代表在場也一定相當難堪。

這次大會湖北代表但衡今、張彌川等四十幾人又提案彈劾白崇禧，其實早在光復大陸設計委員會，但衡今已提過一次，白已書面答覆過了，這次提案的案由：「為追究責任，以明是非，振紀綱而知復興。」指責白的三點：其一，是軍費方面，中行黃金七萬多兩為白吞沒。其二，是漢口中央銀行庫存三百七十多萬兩白銀亦由白私吞。其三，是武漢軍事責任部分，指稱白擁兵不救援徐州，不遵從統帥調兵命令，擁兵自重。

父親當場分發給代表們他的答辯書，關於前兩項父親提出詳細證據，「有案可查」。關於武漢軍事責任部分，父親答辯如下：[1]

> 華中轄區奉命調往增援徐州部隊計：黃維兵團所屬之十八軍（胡璉）、八十五軍（吳紹周）、第十軍（熊綬春）及整編第二師（師長何竹本），皆為華中最精銳之部隊，由信陽、確山地區向蒙城方面兼程增援。又二十軍（楊幹才）、二十八軍（李洊）兩個軍亦由漢口地區由長江提運浦口馳援，另轄區僅有之一個戰車營亦隨往參戰。計兵力五個軍一個整編師，乃係華中主力，均是增援徐蚌，幾乎全部犧牲。
>
> 此時華中兵力較弱，轄區僅留第三兵團（張淦）第七、第四十八兩個軍，於平漢路正面對劉匪伯誠兩個縱隊及孔從周匪部主力；皖省僅有四十六軍對大別山區及皖東

❶ 馬天綱、賈廷詩、陳三井、陳存恭（訪問、紀錄），《白崇禧先生訪問紀錄》，下冊，頁 867-868。

一九五四年三月第一屆國民大會第二次會議，蔣介石贈父親的照片。

一九五四年三月國府在台灣開第一屆國民大會第二次會議，主要選總統、副總統。會議期間，湖北代表但衡今等人發動「彈劾白崇禧」案，指控白徐蚌會戰按兵不動，吞沒華中軍餉等等。父親藉此寫長篇辯白書，發給與會代表，反駁這些謬論。但衡今等人有此舉動，亦屬先意承旨。徐蚌會戰國軍大敗，國民黨宣傳機構一直散布白崇禧按兵不動的謠言，試圖諉罪於白，替主帥蔣介石開脫責任。

大會同時罷免副總統李宗仁，其實李任期已到，罷免是要羞辱他以及桂系。父親在此次會議中，處境尷尬可知。

一九五四年台北開第一屆國民大會第二次會議，選總統、副總統，父親被選為主席團。但在這次會議，父親卻被湖北代表但衡今等提案彈劾。

地區之共匪作戰；至十四兵團（宋希濂）僅第二軍（陳克非）戰力較強，擔任鄂西地區清剿阻止孔匪從周南犯，南京失陷，當時安慶及南潯線非華中防區，亦經派遣部隊防守，但匪軍渡江後，沿浙贛線西進，已越過贛江向長沙、醴陵方面進逼，威脅華中側背，武漢形成孤立，華中部隊奉令向汨羅河南岸轉進，拒匪南犯，此乃華中奉命由武漢撤退之經過，並非坐觀成敗。❷

父親攜帶此份答辯書親自到《中央日報》報社遞給社長陶希聖發表，同時也寄了一份給香港《工商日報》刊出。資深報人前上海市議長潘公展在美國寫了一篇文章，發表在香港《新聞天地》的「有涯室夢痕錄」上，對華中軍事情況亦有不實記載，父親於一九五四年三月二十四日亦寫了「致潘公展先生一封公開信」要求《新聞天地》登載：

公展先生閣下：

近日獲閱新聞天地雜誌連載大作「有涯室夢痕錄」，其中有云「李宗仁副總統為首的一派，千方百計想利用中共叛變的間隙，而掌握中樞的軍政大權，由此一念之差，以致華中的大軍視徐淮之告急若秦越之不相關。」又云：「正在部署徐淮會戰之際，除了金圓政策之局部實施終於失敗，給民心一大打擊之外，忽然傳來華中部隊不肯奉調增援津浦南段的風謠。」各節，披閱之下，不勝驚詫。當過去國內大陸剿匪局勢惡化之際，閣下即遠走美國，對當時軍事情況，似欠明瞭，今隔數載，忽有前項不符事實之批評，對崇禧個人毀譽事小，原不欲置辯，惟聽任以訛傳訛，使我十數萬將士為徐蚌戰役忠勇犧牲者，蒙受不白之冤，實不忍緘默，不得不將當時真相據實剖陳，公諸中外，藉明是非而正觀聽。

接著父親將華中調兵實況，跟他在國民大會答辯書中大同小異，給潘公展的信中又覆述一遍，然後如此結尾：

> 總之，大陸陷匪，匹夫有責，軍人職責更為重大，崇禧以待罪之身，對我十數萬袍澤戡亂報國，奮鬥犧牲之忠勇事跡，誠不忍其無辜湮沒，含冤九泉，掬誠略述，藉答高明，至希亮詧，並頌安祉。

關於「白崇禧華中按兵不動」的流言當然對父親在軍中的令譽傷得最兇，父親在台灣前幾年常陷四面楚歌，父親處境孤單，如龍困淺灘，虎落平陽，這種中傷的流言四竄，父親百口莫辯，幸而藉但衡今在光復大陸設計委員會及國民大會提出彈劾案，父親有機會辯駁澄清，他四月二十三日寫給二姐先慧的信中有這樣的感想：❸

> 慧女：大陸淪陷，匹夫有責，我是軍人，責任更大。回溯往事，內咎神明。抵台五年，流言四起，含沙射影，積毀銷金。
>
> 幸公道尚在人心，事實勝於雄辯。不僅使數百設計委員（約四百位左右）及一千五百餘大陸各省及海外華僑代表均已明白、同情於我，不值惡意誣陷者之所為，且數年以來，普遍的惡意流言，一掃而空！我真感謝那些提案的諸位先生，我

❷ 馬天綱、賈廷詩、陳三井、陳存恭（訪問、紀錄），《白崇禧先生訪問紀錄》，下冊，頁 868-869。

❸ 「白崇禧示白先慧函」（1954 年 4 月 24 日），影印件，白先慧女士提供。

並感謝留居美國的前任上海議長潘公展先生，因為沒有他們的提案與登報，我實在不好將幾年海內外對華中為剿匪而犧牲的數十萬忠勇殉國的官兵冤屈自動說出。幸而有了他們的提案與登報，我才有這個機會為死者雪冤。至於個人的是非毀譽，我是聽之而已，不願加以論列也。

「白崇禧華中按兵不動」的謠言背後其實還有更複雜的動機與陰謀。一九四八年底徐蚌會戰（淮海戰役）接近尾聲，國軍七、八十萬最後的精銳部隊被共軍殲滅，全國人心震動，翌年一月，蔣介石下野。這個期間，國民黨的宣傳機構，大概包括CC、中統、軍統這些黨務、特務單位，開足火力散布謠言：白崇禧在華中按兵不動，不增援徐州，坐觀成敗，不聽調遣，以致國軍全軍覆沒。徐蚌會戰是國、共決勝負的最後關鍵一戰，兩方精銳盡出，勢均力敵，最後國軍大敗，國民黨因而失去江山，這一役的意義之重要，不言而喻，而這一仗戰敗的責任之大，等於失去整個中國大陸，這一仗從頭到尾都是蔣介石策劃的，現在要蔣個人擔負起如此沉重如山，生死交關的責任，蔣介石恐怕承受不了，於是國民黨必須設法讓蔣總裁脫卸任責，最方便有效的辦法便是將戰敗責任推到代罪羔羊身上，當時桂系白崇禧便是最合適的人選。徐蚌會戰與父親之間的牽扯，我在拙著《父親與民國》中已有詳細描寫，我在此再簡述一遍。

一九四八年因選副總統風波，中央與桂系又開始分裂，蔣介石對白崇禧已失去信任，將白的國防部長職位卸除外，調到武漢任華中剿總司令。當時父親評估，東北戰役，國軍敗跡已露，當中共大軍南下的時候，國、共兩軍在華中地帶必有生死一戰，華中剿總的任務便是保衛京滬。父親向蔣介石提出華中防衛戰之大戰略，首先戰略部署，古來兵家即有「守江必守淮」之戰略原則，因此父親認為大軍應該集結在安徽蚌埠，據淮河而守，國軍有海、空軍的優勢，可阻共軍渡河。父親北伐、抗日，在這一帶與敵軍周旋過，熟悉這帶戰略地形，他認為應該五省聯防，華中統一指揮。年前父親在江西成立九江指揮部，與劉伯承、鄧小平部決戰於大別山，殲滅共軍數萬，有很好的成績，因此父親認為保衛京滬重責，與共軍殊死一戰，理應由華中剿總統一指揮。孰料蔣介石為私怨所矇，不顧大局，在發表華中剿總同時，宣布在徐州成立華東剿總，由指揮才能平庸的「福將」劉峙擔任剿總司令。就是因為「白崇禧並不是嫡系，手握如此之重的兵權，怕有尾大不掉之嫌，因此在南線設立了徐州、華中兩個剿總總部，以分散兵權。」[4]

消息一出，父親大吃一驚，向蔣直言：「指揮權分裂，中原大軍分割使用，將來這一仗必敗無疑。」蔣介石的布置把父親「守江必守淮」的計畫完全打破了，父親認為徐州乃四戰之地，無險可據，易攻難守。父親知道，如此部署，大禍即將來臨，於是避走上海，以不接武漢剿總一職作為抗議。蔣介石派黃紹竑去上海勸說，父親才勉強就職。一九四八年十月，東北戰事岌岌可危，華中華東戰雲密布，共軍六十萬壓境，與國軍決勝負一戰，十月二十二日，國防部長何應欽，參謀總長顧祝同在南京召開軍事會議，研討中原作戰計畫，何、顧等人認為華東剿總司令劉峙不堪負擔保衛南京重任，決議仍請白崇禧出面統一指揮漢口、徐州兩個剿總，由國防部作戰廳廳長郭汝瑰銜命飛北平向蔣請示。蔣同意。十月三十日父親由漢口飛南京，下午五時參加國防部會議，據郭汝瑰回

[4] 周明、王逸之，《徐蚌會戰》（台北：知兵堂出版社，2008年），頁45。

憶，當天白崇禧看來還頗有信心，參加討論，可是隔天三十一日，重開會議，白崇禧突然改變主張，拒絕接受統一指揮權。父親曾親口跟我解釋過，他拒接受統一指揮徐蚌會戰的原因：其一，父親發覺徐州剿總的戰略部署，把國軍主力的幾個軍，都部署在以徐州為中心的隴海鐵路、及津浦鐵路線上各一字排開成為一個「死十字」，首尾不接，徐州平原無險可據，一旦開戰極易為敵軍攻破。父親以軍事戰略家的眼光來評審，認為這是全盤錯誤的部署，而且共軍已壓境，戰事迫在眉睫，要重新調整幾十萬大軍已無可能。六天後，十一月六日，徐蚌會戰開打。其二，徐州「剿總」的部隊將領如邱清泉、黃伯韜、李彌、孫元良等人與父親毫無淵源，多為蔣介石的黃埔愛將，父親指揮不易。其三，這場京畿保衛戰，蔣介石本人必然鎮守南京，越級指揮，就如同他在北平遙控遼瀋戰役一樣，令出多門父親難以施展。後來事實證明，蔣介石親自越級指揮，讓杜聿明進退失據，最後被俘，國軍大敗。

十月三十日晚，父親所做的決定：拒絕指揮徐蚌會戰，可能是他一生中最艱難，但事後看來也是最明智的一次抉擇。那天晚上，父親心中必經過一番天人交戰的煎熬。綜觀父親一生由統一廣西、北伐、抗日身經百戰，往往能以少擊眾，以險取勝，以戰略見長，故贏得「小諸葛」盛名，無論如何艱巨任務，從未畏難退避。徐蚌會戰之前，父親早提出一套大戰略，「守江必守淮」、統一指揮等，並警告如將華中戰區分裂指揮，則這場戰役必敗無疑。可惜父親這套有遠見的戰略不被蔣介石採取，未戰已經埋下失敗的因子。如今事到臨頭，陣前換將，戰略部署全盤錯誤，而且時間已不容許更改計畫，父親評估：這必是一場敗局，即使他出任指揮也無法挽救。徐蚌會戰，乃國共存亡一戰，成敗責任非父親一人所能擔當。事後看來，父親這項決定需要極大的勇氣與智慧。徐蚌會戰，國軍全軍覆沒，折損七、八十萬大軍。如果當初一開始，蔣介石便採用「守江必守淮」的戰略，設剿總於蚌埠，由父親統一指揮部署，恐怕戰爭結果不致如此。父親拒絕指揮徐蚌會戰，蔣介石當然恨之入骨，兩人本來緊張的關係，又加劇了一層。

事後中外歷史學者、軍事史家、新聞記者評論徐蚌會戰，多認為蔣介石戰略部署錯誤，沒有讓國軍傑出戰略家白崇禧全權指揮是另一大失策。

哈佛歷史學家費正清（John Fairbank）：「國軍這場慘敗的典型錯誤是蔣介石將戰場部署於徐州平原而非淮河流域的不智之舉，以及他拒絕將指揮權賦予廣西將領白崇禧，白氏乃傑出戰略家，熟知該區的地形。」[5]

陶平（Seymour Topping），《紐約時報》資深記者，國共內戰時在中國報導：「軍事史家會將淮北平原這場災禍，歸咎於蔣委員長的領導無方。首先他選擇在突出的徐州平原上集結大軍，而不在有險可蔽的淮河防線。次者，他不將指揮權任命給他最傑出的戰略家華中剿匪總司令白崇禧將軍，而給予兩個出名無能的將領劉峙與杜聿明。又一次證明，蔣氏偏愛他黃埔部屬而忽略桂系將領白崇禧。」[6]

---

[5] 費正清（John Fairbank）（著）、張理京（譯），《美國與中國》（台北：左岸文化，2003年）。

[6] Seymour Topping, *Journey Between Two Chinas* (New York: Harper & Row, 1972).

軍事史家劉馥博士：「為了更有效地進行剿共戰爭，李（宗仁）、白（崇禧）早就建議在黃淮平原的國軍由一個戰區指揮。後來白氏任為華中剿匪總司令官（總部設在漢口），才知道另外尚有一個剿匪司令部即將在徐州成立，他認為這是統一指揮權之割裂，並認識到當局不准他在所建議的地區內設立民團。因此白氏拒不受委並離京赴滬，旋經蔣先生的敦促始就行。在一九四八年初期他所指揮的積極作戰，再度肯定了他戰略家的聲望。（按：指白崇禧在大別山擊潰劉伯承、鄧小平部）如果他能夠得到充分的授權統一指揮黃淮地區，後來導致中央軍瓦解的徐蚌會戰的結果，可能完全改觀。」❼

徐蚌會戰開始，蔣介石向華中剿總調兵，第一時間父親派遣黃維第十二兵團共十二萬人，開往徐州，可是不幸在皖境雙堆集就被共軍包圍，黃維被俘。黃維是黃埔一期的學生，是蔣介石的愛將，為陳誠賞識，抗戰期間黃維參加過八一三淞滬保衛戰、武漢保衛戰等表現優異，由陳誠推薦出掌第十二兵團，此乃華中機械化的精銳部隊。徐州戰事吃緊，又從武漢陸續調遣第二十軍楊幹才、第二十八軍李浡部隊。此時武漢這邊，劉伯承又大軍壓境，情況緊急，而中央還想把宋希濂兵團中，最有戰鬥力的第二軍陳克非調走，此時父親與蔣介石力爭，與蔣起了衝突，父親的看法，徐州戰事已無法挽救，如果保住華中地區，還可撐住西南半壁。就在這件事上面，白崇禧「不聽調度」、「按兵不動」，徐蚌會戰全軍覆沒的謠言不脛而走。

這項謠言由國民黨內部發出，綜觀蔣介石在台灣的日記裡多處把白崇禧定性為「叛黨禍國」的罪人，大陸失陷，白崇禧在軍事上要負最大責任等等，白崇禧華中擁兵自重，不增援徐州這項謠言，蔣大概也認可，甚至默許的。謠言散播，從大陸到台灣，深入軍中，以至各界。連台大校長傅斯年先生也忍不住親自詰問父親，經父親解釋，才恍然大悟。雖然國大會議父親遭受彈劾提案，乘機答辯，但並未能完全止謗。首先對岸中共一直大肆宣傳，淮海戰役，蔣介石與白崇禧內鬥，白擁兵自重云云。程思遠寫《白崇禧傳》竟也寫白崇禧「對徐蚌會戰冷眼旁觀。」這本傳記影響頗大。台灣這邊，這項謠言早已深植人心，我在六〇年代軍中服役時，一位政戰系統的教官來講課，居然當著全連服大專兵役的學生，公然散播這項不實謠言：徐蚌會戰，白崇禧按兵不動，國軍因此潰敗。

徐蚌會戰，國軍潰敗的責任，追究起來，是不可承受之重。蔣介石沒法面對這項歷史重擔，他應該心知肚明：是他沒有採用白崇禧「守江必守淮」的戰略，沒有讓白崇禧統一指揮，以致一敗塗地。白崇禧事先警告過他，華中部隊分裂指揮，這一仗必敗無疑。結果不幸言中，因此更加痛恨白崇禧，必須諉過於白：「按兵不動」、「不受調度」。蔣介石在日記中盡量把白崇禧妖魔化：「其實此人為黨國敗壞內亂中之一大罪人也。」[8]在這種防禦心理中（Defense Mechanisms）浸淫過久後，蔣介石在日記裡對白崇禧的詆毀已經變成了一種執迷（Obsession），脫離事實太遠，近乎心理病態了（Psychopathy）。

---

❼ 劉馥（F. F. Liu）（著）、梅寅生（譯），《中國現代軍事史》（台北：東大出版，1993 年），頁 277-278。

❽《蔣中正日記》未刊本，1966 年 12 月 10 日（往弔白崇禧之喪次日）。

一九六〇年第一屆國民大會第三次會議，國大代表至松山機場，參觀空軍飛行表演，由父親出任總領隊。
圖中父親代表接受軍禮，中為空軍司令徐煥昇。

第七章

被特務跟蹤的日子

大約在一九五四年左右，父親坐轎車開往南部巡獵，七弟先敬跟隨。先敬是我們家十兄弟姐妹的老么，因為從小跟隨父親身邊，甚得父親寵愛，父親行獵，常常帶著先敬。那時先敬還在唸小學五、六年級。先敬從小靈敏過人，車子走到一半，先敬從車子的反光鏡中發現有一部黑色的吉普車一直跟隨父親的座車，座車停，吉普車也停，座車開動，吉普車即刻尾隨。先敬當場喚起父親的注意。此後父親無論到總統府上班，到清真寺禮拜，甚至去看醫生、買水果，發覺那部黑色吉普車都如影附形，跟隨不捨。父親明白，自己已遭政府情治單位派特務監控了。這一發現，對父親當然是一個大刺激，此前當局給父親這樣那樣的騷擾羞辱，父親還可以忍受，但派特務監控，是政府動用國家機器對待敵人、罪人、犯人的手段，父親自忖乃堂堂中華民國陸軍四星上將，功在黨國的百戰將軍，當局何以動用如此黑暗卑劣的手段來對付他，父親默察了一段時間，經過一番深思熟慮，終覺茲事體大，忍不住於一九五六年五月二日呈上一封密函長信給蔣介石，質問派特務跟蹤的理由。

白崇禧致蔣介石總統密函

此函因對外保密以免影響政治，其中有與吳禮卿（忠信）先生有關，故函稿事前已親送禮卿先生閱過，得其同意，乃於五月二日面請張秘書岳軍兄面呈總統，五月三日將原函抄呈副總統，擬好函稿時因措辭研討，曾密與鶴齡、任夫、致遠、毅吾❶四兄面商，然後呈出，其他任何人均未使知之。

總統鈞鑒：

謹呈者，竊職追隨鞭鐙，垂三十年，北伐、抗戰、剿匪諸役，均蒙驅使，拔擢優渥，感荷隆恩，自愧才疏，未克圖報，中心藏之，未敢或忘。大陸淪陷，共匪披猖，職分屬軍人，愧憤曷極。自前華中長官公署，奉命來台辦理結束，蒙調戰略顧問委員會，服務七年以來，服膺反共抗俄國策，膽薪是勵，忠貞不渝，冀於國軍反攻大陸時機來臨，鈞座如有驅策，當盡餘生報效黨國，而雪前恥。職加入本黨三十三年，承國父遺教薰陶，蒙鈞座英明領導，故職之政治立場異常堅定，決非任何歪曲之政治主張或異端邪說可能動搖。凡對於違反本黨三民主義及損害祖國權益之任何黨派，任何個人，職均極端反對，不稍寬假，謹數則以資佐證：

第一，對共匪態度：職自民國十三年加入國民黨，篤信三民主義，堅決反對共匪。當國民革命北伐時，共匪有篡竊本黨顛覆國府陰謀，適職統率東路軍前敵部隊，佔領上海。奉鈞座命令於民國十六年四月十二日舉行清黨運動，將共匪在滬根據地掃除，各省繼起響應，共匪勢力消滅殆盡，挽救本黨於垂危。

抗戰勝利後，林匪彪竄擾東北得蘇俄接濟，佔據東北戰略要點四平街，國軍久攻不下，職奉鈞座命令前往四平街督師，三日而攻克之。當時我統帥部曾獲諜報，蘇軍約六千潛留長春，故密令國軍不准渡遼河，職當時身臨前敵，關於匪情，比較清楚，故本上級指揮官企圖曾獨斷下令，嚴飭杜總司令聿明，率部越過遼河追擊，攻佔長春、吉林。林匪所部死傷慘重，潰不成軍，確已失去戰鬥能力，若以職原定計畫繼續窮追，本可將其消滅於東北境內，以免該匪後來在東北接受蘇軍繳獲日本關東軍五十萬人之優良裝備，為我第一勁敵。同時我可將東北國軍精銳調進關內，形成重點使用，剿匪軍事，或可改觀。無如馬歇爾將軍受匪共欺蒙，左袒毛匪，強迫東北國軍停止追擊，遂林匪坐大反噬，養虎遺患。往事追維，真令人痛心疾首者也。

徐蚌會戰失利，國軍精銳喪失，元氣大傷，中央意欲停戰，劃江而守，以便整頓補充，徐圖恢復。當時迫不得已，乃派遣代表團由張治中率領前往北平議和。該團曾派黃紹竑攜和談條件，回抵南京請訓。職目睹該條件苛刻異常，若接受之，無異投降。黃正慫恿李代總統接受，相持不下，職乃起反對，並當場拂袖而起，離開議場，和談因以破裂。以上所陳，乃係摘要列舉職之反共史實。

第二，對第三勢力態度：前數年間，海外華人有組織第三勢力者，職極不以為然，當時曾在中外報章嚴予批判，大意謂中國只反共與共匪兩大勢力，凡屬黃帝子孫，均應精誠團結，歸中央統一指揮，共同申討共匪，光復大陸，不應另組第三勢力，分散革命力量，予共匪以可乘之機，遺祖國無窮之患。民國四十四年，國防部第二廳

❶ 鶴齡、任夫、毅吾乃李品仙、劉士毅、邱昌渭等人之號，皆為桂系要員。

印有中國第三勢力特刊，旨在供中央高級幹部之參考，不幸編審者不慎，其中載有廣西復省委員會每月用款，均向李、黃、白報銷，將職之姓名刊在刊物內，有損職個人政治立場，故分向國防部俞部長、彭總長、羅副總長提出嚴重抗議，蒙彭總長、羅副總長來函道歉，並另出專刊更正，職甚感激。

第三，對李前副總統態度：職與李前副總統籍隸廣西，共事多年，世人多以「李白」並稱，良由於此。然職之秉性理智勝於感情，故雖重私交，尤重公誼，雖愛朋友，尤愛國家，對李前副總統在代總統職務期間，政治措施失當，軍事指揮不靈，不足以對方張之寇。待中央遷渝，職與吳禮卿先生共同向李代總統建議，請其自動辭去代總統職務，恭請鈞座復職，已承同意，並請禮卿先生飛台恭迎鈞座駕回渝復職，不意李代總統食言避往昆明，比及回抵南寧，即欲往美就醫，職又再四苦勸，以為國難空前嚴重，不可赴美，免受國人指摘，又未蒙採納。及其到美就醫後，三軍無主，正值各方敦促鈞座復職之時，職又與禮卿先生聯名電請李代總統自動辭去代總統職務，中央給予兼特使名義，在美養痾並爭取美援，內外相維共挽危局，未蒙電覆，並發表謬論，嗣毛邦初案發生，又有袒毛言論，終且反對合法的國大代表在台召開行憲大會。凡此種種背道而行，職為表明個人政治立場，曾在《中央日報》發表擁護中央反共抗俄國策，誓在鈞座領導之下鞠躬盡瘁，以盡國天職，對李代總統在美之背謬言論，加以駁斥，澄清中外視聽。以上所陳三種政治態度，言出至誠，毫無虛假，早已向中外公開發表，且可向真主虔誠發誓。

職到台之初，常聞社會上對職常有許多流言誹語，積毀銷骨，職皆自度處置之。古人有云：禦寒莫如重裘，止謗莫如自修。凡事應先求諸己，是非毀譽聽於人而已。惟近幾年來常聞人云，職之住宅附近有便衣人員，監視職之行動，如乘車外出，即有便衣者乘車跟蹤。職初聞之而不相信，因職追隨鈞座三十年，加入國民黨三十三年，又早已發表上述正確而光明的政治態度，且職到台灣為信仰鈞座實行反共抗俄國策而來，到台七年，除遵行國策外，並無任何其他的政治活動，事實俱在，天下皆知，諒在鈞座洞鑒之中，故對上述情報漠然，處之者久矣。嗣見便衣者積年累月跟蹤不捨，職乃疑焉，故留心觀察，確實發現職之住宅松江路一二七號附近，日夜均有便衣人員監視職之行動，並備有房屋汽車。遠者勿論矣，謹舉最近事實以資佐證：

1. 今年二月職赴新營台南狩獵，四月職赴新竹狩獵，均有便衣人員乘車跟蹤往返。

2. 今年陰曆三月是回教齋月，凡屬回教信徒，均應於每晚九時到清真寺禮拜，為期一個月。職遵守教規，每晚均往麗水街台北清真寺禮拜，均有便衣者乘車跟蹤往返，毫未間斷。

3. 無論晝夜，如職出門開會、訪友、旅行等，均有便衣者跟蹤往返，從不鬆懈。上項便衣人員由何處派來，職未獲通知，亦不便查問，惟其所乘之小型基甫（按：吉普）車，確是軍用編列號碼為「51」。上項便衣人員是否誤聽中傷職之情報而貿然出此，職清夜自思，極為惶惑，故敢披肝瀝膽，據實密陳，敬懇鈞座詳察以明是非，不勝迫切待命之至。此函係職自撰自寫未敢假手於人，誠恐外間知之，不免發生謠言，對政治上有不良影響。如蒙鈞座不棄而召見之，職願當面詳為報告，耑此肅叩

鈞安

職白崇禧　謹呈

五月二日

民国四五 五月二日

此函因对外保密,以免影响政治,并中国有关吴
礼卿先生有关政治稿子前四献送礼卿先生
阅过,得其同意。秀峰 五月二日 面请张群秘书长 岳军兄
两件呈
总统、五月二日 将原函抄呈
副总统、抄好函稿时因措辞研讨需时,致稽迟 鹤侣代为致意
张岳军四兄 函商与否,全出于他,任何人均未使知

一、
總统鈞鑒:謹呈者,窃职追随鞭镫,垂三十年,北伐抗战
剿匪諸役,均為驅使,拔擢优渥,感荷
隆恩,自愧才疏,未克圖报,中心藏之,未敢或忘。
大陸淪陷,共匪披猖,职分屬軍人,愧憤曷極,自
前華中長官公署奉命来台,办理结束,業调战略顾问委
員会服務,七年以来,服膺反共抗俄國策,肝胆是勵,
忠貞不渝,冀於國軍反攻大陸時机来臨,
鈞座如有驅策,当尽其餘年,報效党國,而雪前耻。
职加入本党三十三年,承國

異端邪說所能動搖，凡對於違反本党三民主義及損害祖國權益之任何党派任何個人，我均極端反对，不稍寬假，謹举数則以資佐証：

第一，对共匪態度：我自民國十三年加入國民党，篤信三民主義，堅決反对共匪，當國民革命軍北伐時，共匪有組織本党顛覆國府陰謀，我適統率東路軍前敵部隊佔領上海，奉鈞座命令，於民國十六年四月十二日奉行清党運動，將共匪在滬根拠地掃除，各省繼起響應，共匪勢力消滅殆盡，挽救本党於垂危。

抗戰勝利後，林匪彪竄擾東北，得蘇俄接濟，佔據東北戰略要點。

二、四平街，國軍久攻不下，我奉鈞座命令前往四平督師，三日而攻克之，當时我統帥部曾獲諜報，蘇联軍約六千餘留長春，故令國軍不必渡遼河，我當时身臨前敵，對於匪情比較清楚，故本上級指揮官企圖，獨斷下令嚴飭杜總司令聿明率部越過遼河追擊，攻佔長春、吉林，林匪所部死傷慘重，潰不成軍，確已失去戰鬥能力，若照我原定計畫，本可繼續猛追，將其清滅於東北境內，以免該匪後來在東北接受蘇聯軍繳獲日本關東軍五十萬人之優良裝備，為我第一勁敵，同時我可將東北國軍精銳調進關內，形成重点，使用剿匪軍事，或可改觀，無如馬歇尔將軍受匪共欺，左袒俾毛匪強渡東北，國軍停止追擊，遂使林匪坐大反噬，養虎遺患，往了追線，真令人痛心疾首者也，徐蚌會戰失利，國軍精銳喪失，元氣大傷，中共意欲停戰劃江而守，以便整頓補充，徐圖恢復，当時迫不得已，乃派遣代表團由張治中率領前往北平議和，該團曾派黃紹竑携和談條件回抵南京，面請訓，職目覩該條件苛刻異常，若接受之，無異投降，黃正總之勇、李代總統接受相持不決，職乃起反對，並与當局拂袖而起，嗣開議場和議因之破裂，以上所陳，乃係擇要列举職之反共史實；

第二、對第三勢力態度：前數年間海外華人有織組

五

第三勢力者，職極不以為然，当時曾在中外報章嚴予批判，大意謂中國祗反共与共匪兩大勢力，凡屬黃帝子孫均應精誠團結，归中央統一指揮，共同申討共匪，光復大陸，不應另組第三勢力，分散革命力量，予共匪以可乘之机，遺祖國無窮之患；民國四十四年國防部第二所印有中國第三勢力特刊，皆在供中央高級幹部之參考，不幸編審者不慎，其中載有歷次獲省委員會每月用款，報銷均向李子、黃白報銷，誤將職之姓名列在刊物內，有損職個人政治立場，故分向國防部俞部長、彭總長，要副總長提出嚴重抗議，蒙彭總長、男副總長來函道歉並另出專刊更正，職甚感激；

勝於情感故耳，私交尤重公誼，對愛朋友，尤愛國家，對李
前副總統在代總統職務期間，政治措施失當，軍事指揮不靈，
不足以對方張之寇，待中央政府遷渝，職與吳禮卿先生共同
向李代總統建議，請其自動辭去代總統職務，恭請
鈞座復職，已承同意，並請禮卿先生飛台恭迎
鈞駕回渝復職，不意李代總統食言，避往昆明，比及四抵南
寧，即欲往美就醫，職又再苦勸，以為國難空前嚴重，不宜可
赴美，免受國人指摘，又未蒙採納，及其到美就醫後，三軍
無主，各方正值數促
鈞座復職之時，職又與禮卿先生聯名電請李代總統自動辭
去代總統職務，中央給予兼特使名義，在美養病，並爭取
美援，內外相維，共挽危局，未蒙電覆，並發表謬論，
嗣毛邦初案發生，又有袒毛言論，終且反對合法的國大代表
在台召開行憲全大會，凡此種種，背道而行——職為表明個人政治
立場，曾在中央日報發表擁護中央反共抗俄國策，誓於
鈞座領導之下，黽勉盡瘁，以盡國民天職，對於李代總統在美之背
謬言論，加以駁斥，澄清中外視聽，以上所陳三種政治態度，言出
至誠，毫無虛假，早已向中外公開發表，且可向
真主虔誠擔誓。
職到台之初，常聞社會上對職嘗有許多流言誹語，積毀銷骨，職
此皆度外置之，古人有云：禦寒莫如重裘，止謗莫如自修，凡事立

先求諸己，是非毀譽聽之於人而已。惟近幾年來，常聞人云：職之住宅附近有便衣人員監視職之行動，如乘車外出，即有便衣者乘車跟蹤，職初聞之尚不相信，因職追隨鈞座三十年，加入國民黨亦三十三年，又早已發表上述正確而光明的政治態度，且職到台灣是為信仰鈞座實行反共抗俄國策而來，到台七年，除遵行國策外，並無任何其他的政治活動，可以說實俱在，天下皆知，綜在鈞座洞鑒之中，故對上述情報漠然置之者久矣。嗣見便衣者積年累月跟蹤不舍，職乃疑焉，故留心觀察，確實發現職之住宅松江路四號附近，日夜均有便衣人員監視職之行動，並備有吉普車，遠者勿論矣，謹舉最近之事實證據：

甲、今年二月，職赴新營台南狩獵，三月職赴新竹狩獵，均有便衣人員乘車跟蹤往返。

乙、今年陰曆二月是回教齋月，凡屬回教信徒均應於每晚九時到清真寺禮拜，為期一個月，職遵守教規，每晚均往麗水街台北清真寺禮拜，均有便衣者乘車跟蹤往返，毫未間斷。

丙、無論晝夜，如職出門開會、訪友、旅行等，均有便衣者乘車跟蹤往返，從不鬆懈。

以上項便衣人員由何處派來，職未獲通知，亦不便查問，惟其所乘之小型吉普車，確係軍用編列號碼。

鈞座垂諫詳察，以明是非，不勝迫切待命之至。此函係職自撰自寫，未敢假手於人，誠恐外間知之，不免發生謠言，對政治上有不良影響。如蒙
鈞座不棄而
召見之，職願當面詳為報告。耑此肅叩
鈞安

五月二日
職白崇禧謹呈

父親呈給蔣介石這封密函，有幾個重點：第一段說明他一貫的反共立場，從清黨到徐蚌會戰，其間特別點明一九四六年四平街一役，林彪大敗，父親力主乘勝追擊，在東北境內殲滅林部，「剿匪軍事，或可改觀」。可惜蔣介石未採納父親主張，逕自下停戰令，俟讓林彪坐大反噬，「遺虎為患」，「真令人痛心疾首者也。」在此幾乎可以感到父親扼腕頓足之恨。父親在此也等於提醒蔣介石，是他自己曾犯下國共內戰最大的軍事錯誤。不過父親把馬歇爾拉進來，算是給蔣一點面子。

第二段牽涉到所謂第三勢力，由香港張發奎以及青年黨、民社黨李璜、左舜生等人發起，也有幾位桂系成員加入。這是在台灣國民黨的大忌，父親當然知道這項忌諱，在信中與第三勢力徹底劃清界線。父親在台前幾年，與香港以及國外的桂系舊部完全斷絕書信往來，因為他明白，那也是犯忌的。寓居香港的前廣西省主席黃旭初的回憶錄中有這樣的一段記載：民國四十一年九月二十六日，黃旭初的日本友人清水董三自東京赴台北日本駐華大使館任職，黃曾託他帶一短箋問候白崇禧，但查無回音。事隔八年後，白託人到港告訴黃：「前承託日友帶信到來，正值我環境最壞的時候，尤其是經外國人遞來，雖屬普通問候信，畢竟是了不得的事，莫說我不敢覆信，連接信與否當時我還在躊躇呢。」[2]

第三段，父親解釋他跟李宗仁的關係，蔣、李、白三人分分合合，糾纏不清的關係，最是複雜，父親清楚蔣介石痛恨桂系，痛恨李宗仁最重要是李宗仁不肯辭代總統，讓蔣介石恢復總統職位，而且還遠走美國與在台灣的蔣介石對幹，父親極力澄清，從最後在大陸重慶起，他數度勸說李宗仁辭去代總統，讓蔣介石復位，父親申明：「雖重私交，尤重公誼，雖愛朋友，尤愛國家。」他對李宗仁後來的所作所為的確不以為然的。李、白雖然合作多年，兩人都在歷史關鍵的時刻共同扮演了舉足輕重的角色：北伐龍潭之役、抗戰台兒莊大捷，兩人共同扛起國家興亡的命運。但兩人也有在重大場景涇渭分流的時候。信中提到蔣介石下野，張治中率團往北平與中共和談，該團派黃紹竑攜和談條件回抵南京請訓，白看到中共條件異常苛刻，如果接受等於投降，黃紹竑正慫恿李宗仁代總統接受，「相持不決」，據黃紹竑的回憶錄中描寫：「**白崇禧臉鐵青，拍桌反對，當場拂袖而去，和談破裂。**」❸ 董顯光的《蔣總統傳》也提到因為白崇禧的堅決反對，才沒有「局部和平」的出現。❹ 這本傳記是「欽定」的，蔣介石當然應該了解當時情況。事實上當時李宗仁並沒有明白反對，揆諸日後李終於選擇「回歸祖國」倒向中共，可能那時李已經有些動搖了。毛澤東允諾白崇禧可以在廣西帶領自己二十萬軍隊，白不為所動，跟共軍奮戰半年，一直到最後。❺ 這半年，蔣介石得以將軍隊、財物一一遷台，這點蔣也應該明白。

最後，白崇禧向蔣介石表態，「職到台灣是信仰鈞座實行反共抗俄國策而來。」父親向蔣介石輸誠，悃悃款款，可是對照蔣介石日記，處處把白崇禧定調為「叛黨禍國」的罪人，「白逆」、「奸回」，形成絕大的反諷（irony）。蔣介石的日記中對父親這封密函，沒有任何回應記載，這相當不平常，按理，這封信也有觸到蔣痛處的地方，應該又會怒斥一頓。可能蔣介石也知道，派特務跟蹤自己的前國防部長，並不是一件很光

❷ 黃旭初，《黃旭初回憶錄——廣西前三傑：李宗仁、白崇禧、黃紹竑》，頁 237。
❸ 黃旭初，《黃旭初回憶錄——李宗仁、白崇禧與蔣介石的離合》，頁 335-336。
❹ 董顯光，《蔣總統傳》，第 3 卷，頁 517-518。
❺ 程思遠，《白崇禧傳》，頁 304。

明的事情，尤其在自稱是「自由中國」的台灣，宣揚出去，更坐實美國人的指控，蔣政府是「警察國家」（Police State），蔣介石只派了副總統陳誠去敷衍了白崇禧一番。陳誠對白說：「那些便衣人員是保護你的，我也有。」白回應：「你是副總統當然需要保護，我沒有這個需要。」可是那輛黑色吉普仍舊如影附形的跟隨著父親的座車，一直到一九六六年父親歸真。

什麼時候特務人員開始監控父親的呢？恐怕相當早，一九五三年十二月十五日蔣介石的日記有這樣一條：

白逆問題之研究與準備。防白之方針，勿使其偷逃。

這則日記相當突兀，查看前後日期，《蔣中正先生年譜長編》裡，並沒有記載有關蔣、白之間發生任何事情。很可能蔣介石很早就跟他手下的情治人員一直在「研究」「白逆」問題了，研究出「防白之方針」，就是「勿使其偷逃。」那麼最有效的「方針」就是派特務日夜監控了。此處蔣介石心裡已經把白崇禧幻想成叛黨叛國的通緝犯，故稱「白逆」，故用「偷逃」。「偷逃」二字出自蔣介石總統之手實在可笑，好像他跟他的前參謀長、前副總參謀長、前國防部長白崇禧在玩一局「官兵捉強盜」的遊戲一般。蔣介石的「妄恐症」患得不輕。看來，蔣介石在台灣大權在握，掌控全局，可以肆意報復桂系、報復桂系的首腦白崇禧，以洩心中之恨，「白逆問題之研究與防備」是有系統，按步驟的，首先是摧毀白崇禧在軍事上的地位，誣衊白在華中「按兵不動」，徐蚌會戰，國軍潰敗，大陸所以失守，所以蔣在日記中一直把大陸軍事失敗的責任推在白崇禧身上。其次，削弱白崇禧在宗教上的地位，組織五人小組，使盡手段逼迫白辭去回教理事長的職位，最後派特務監控，使白言行失去自由。

對於被情治人員監控一事，父親的情緒上的反應當然是強烈的，如他密函所陳，他自民國十三年入黨以來，忠黨愛國，沒有做一件對不起黨國的事情，到台灣是「**為信仰鈞座實行反共抗俄國策而來。**」如今卻落得被特務監控，形同罪犯，對於一位身經百戰，一生為國為民的將軍來說，這是莫大的侮辱，父親心中當然是忿忿不平的。但父親也明瞭他在台灣處境的危難，一向謹言慎行，並不如蔣介石所猜疑白崇禧在外面到處詆毀他。只有一次，父親參加三二九蔣介石總統帶領文武百官到圓山忠烈祠去祭悼為國獻身的先烈們，父親回家在房中一邊卸去戎裝，突然有感嘆道：「活著的功臣就這麼糟蹋，對那些死去的，還有誠意嗎？」這是我聽到由父親口中說出來最沉痛的怨言了。

那時在松江路和南京東路交口的地方，有一棟兩層樓的紅磚屋，樓下是個雜貨鋪，閣樓就住著三位情治單位派來監控跟蹤白崇禧的特務人員，他們的那部黑色吉普車就停在雜貨鋪的旁邊，車牌15-5429。三個人分三班，二十四小時輪班監控。那時三個人大概都還是二十大幾的小夥子，三個人一直沒有換過，十幾年後，變成了三個中年特務。他們經常穿著黃色咔嘰布中山裝，那幾乎就是當時情治人員的制服了，其中有一個戴了一副茶色眼鏡，滿臉陰鷙，倒有點像電影裡的壞蛋特務，另一個有一口齙牙，瞇細的眼睛，倒是一付老實像，有點傻。第三個面目模糊，像個無面人，只要父親的汽車一開出路口，三個特務便急忙跳上那部黑色吉普，開始跟蹤父親坐的那輛老雪弗蘭，走到哪裡跟到哪裡，三個特務，忠貞不貳，就這樣，跟蹤了十幾年。

特務跟蹤，如附骨之疽，令人憎惡，父親有時出門也想躲過那三個小夥子，有一次我看見他著便裝，頭上一頂禮帽壓得低低的，他叫司機把轎車停到我們家後門口的巷子裡，然後他從後門出去，跨上車去。父親在廣西當連長時，夜裡查巡，墜入坑中，傷了左腿，以致走路時，左腿總有點跛，當他急急忙忙趕著從後門出去，一跛一跛就更厲害了，這幕將軍與特務捉迷藏，有點荒謬可笑。倒不知那次父親出去，摔開那幾個特務沒有。父親當然也知道那三個情治單位派來的小特務，只是奉公行事，每日不分晝夜監控，跟進跟出，不得一刻鬆懈，也是一項苦差。那時台北的咖啡館，以中山北路的「美而廉」最出名，咖啡特別濃香，父親有時喜歡到「美而廉」約了朋友一同喝咖啡，吃冰淇淋，有一次父親跟朋友到「美而廉」，喝完咖啡，副官去結賬，父親吩咐：「把那一桌的賬也結了吧。」父親指向最遠的一桌，跟蹤他的那三個小夥子，便悄悄躲在最遠那一桌上。父親請特務飲咖啡，算是慰賞他們長年的辛勞。有時候，我們還請特務一同看戲，我在《父親與民國》裡寫到這一段：

母親愛看京戲，常看顧正秋顧劇團的演出。有一晚，父母親帶我們一同去國軍文藝中心看張正芬的《紅娘》。那晚大雨滂沱，寒風惻惻，我們的座車剛停在戲院門口，後面那輛跟我們共存了很多年，車牌15-5429的黑色吉普車就跟了上來，車上的三個人在寒風冷雨中縮在車內，沒有下車，母親往車外瞥了一眼嘆道：「真是辛苦了他們！」她對我說：「你去買幾張票，請他們一起到戲院裡看戲吧！」我去買了三張戲票。拿到吉普車那邊，把票遞給車裡的三個人，說道：「我母親要請你們看戲呢！」三個情治小夥子慌張了一陣，不過還是接受了母親的好意，一同進戲院去觀賞張正芬的拿手戲《紅娘》去了。[6]

既然當局派特務二十四小時監控父親和我們全家，合理推測，我們家的電話也必被監聽，來往信件也被檢查，家裡很可能被裝上竊聽器了，總而言之，父親以及我們全家的一言一行，一舉一動，統統被「上報」了。就如同奧威爾（George Orwell）《1984》中的老大哥，我們家也有一個隱形的Big Brother，睜大著一雙電眼，在監視我們的言行舉動。父母親對自家的處境，當然戒慎恐懼的。我們松江路家裡的飯廳，隔出一半當父親屬下幾位秘書、參謀作為辦公室用，平常上班辦公，也沒有什麼正事可做，在辦公室裡倒是閒聊的時候居多。父親的老秘書楊受瓊口才甚佳，出言詼諧，引人發笑。父親在位，楊受瓊是機要秘書，地位重要，如今父親賦閒，楊秘書的地位也就一落千丈，心中不平，不免愛發牢騷。有一天，楊受瓊在辦公廳內學蔣介石罵人，一口寧波土腔，維妙維肖，大家笑倒。母親走進來卻正色道：「你們不要在這裡亂講話，連累長官。」接著母親嘆一口氣道：「你們不要不識相了，有今天這種日子，已經是『皇恩浩蕩』嘍。」

有一位國防部情報局的老特務谷正文，因得罪上司葉翔之，被免職，谷正文自稱乃監控白崇禧小組負責人，在外面胡亂爆料。有一次，一九五五年父親到花蓮打獵，遇上車禍，谷正文自稱是他奉令謀害父親，故意設計的陷阱。一九六六年父親逝世，谷正文又稱他收買女護士下毒毒害父親的，谷正文所言完全胡說，他根本不是監控小組負責人，真正負責人乃項迺光，父親病逝，因為心臟病突發。但谷正文這些謠言，幾次三番說特務奉令謀害白崇禧，也不可看做完全空穴來風，揆諸蔣介石日記中對白崇禧屢屢發出狠話：「**此奸不去，葷猶混淆，無以復興。**」、「**應再加以警誡乎？**」、「**對白逆之處理**」，這些殺氣騰騰的狠話，如果手下這些特務得到暗示，先意承旨，就可能做出谷正文假想的那些事情來。台灣政治謀殺案不止一樁，林義雄滿門血案就是一個著名的例

❻ 白先勇，《父親與民國》，下冊（台北：時報文化，2012 年），頁 238。

子。一九六三年，母親去世，我到美國留學，臨走前夕，父親把我叫到房中，囑咐我，把他呈給蔣介石的密函，帶一個副本出去，國民黨內部高層的人士私下告訴他，當局暗中定有密謀，如果台灣局勢一旦危急，首位必須處決的就是白崇禧。大陸撤退前夕，蔣介石派特務把楊虎城全家包括兒女及秘書家全部殺害，以報楊虎城參加「西安事變」之仇。❼父親叮囑我，如果台灣當局對他不利，我可以把他那封密函，在國外公諸於世，讓世人了解，他一直被蔣介石的特務監控，如果他遭不幸，那一定是蔣介石的特務下的手。父親囑咐我時，面色凝重，聲音低沉，我第一次意識到父親的處境之險惡，原來他內心承受著那麼沉重的壓力。

按理，父親在台灣已無兵權政權，連宗教地位也受到打壓，而且父親與國外桂系舊屬也斷絕了聯繫，對蔣介石政權不應該構成任何威脅，何況台灣海島一隅，遍布國民黨情治耳目，如果父親有所舉動，很容易被舉發，何須專派一組特務人員二十四小時監控，未免小題大做，過份嚴重，但當局似乎認為白崇禧還是一個威脅。其中原因我在撰寫《止痛療傷：白崇禧將軍與二二八》那本書，訪問粟明德先生時，❽提出一個結論。粟明德是我們廣西桂林同鄉，他的父祖輩與父親都有關係。

父親晚年，粟明德常到我們家陪父親聊天，父親以子姪待之。粟明德自述有一次，大約一九六〇年左右，他去探望父親，他為當局把父親的回教理事長名義排擠掉，中央評議委員也被除名感到不平，父親很淡然的對他說：「每逢一場大敗，總要找一個人出來頂罪，這是沒有辦法的事，也沒有什麼好奇怪的。」父親後來又補了一句：「正好是中央退到台灣來，如果退到別的地方，我的處境不至於如此。」粟明德聽了覺得奇怪，他覺得父親在二二八事件中，對台灣有這樣大的功德，中央應該對父親特別好才對，父親笑了笑說：「這是你們小孩子的看法。」於是再沒有多講下去。

一九四七年三月十七日，父親奉蔣介石命抵台宣慰二二八事件。是日下午，瑞芳鎮長煤礦鉅子李建興偕其母李白娘（見圖）至台北賓館求見父親，李家兄弟有一位涉案二二八事件入獄，李母懇請父親援救，後李家兄弟釋放。李家與我們變成通家之好，李白娘與父親竟成忘年之交。

7 楊虎城，西北軍將領，曾任陝西省主席等職，1936年「西安事變」，楊虎城參與其事，與張學良聯合「兵諫」。1949年9月6日，國民政府在大陸崩潰前夕，楊虎城及其幼子楊拯中、幼女楊拯貴，及秘書一家、副官、警衛一共八人，在重慶被軍統特務持刀捅死。

8 粟明德，1938年生，祖父粟聯卿乃白崇禧陸軍小學老師，父親粟國寶乃白崇禧所辦廣西黨政研究所畢業生。粟明德本來在北京大學唸書，「反右」期間，逃出大陸，後在台灣政治大學東亞研究所畢業。曾任國民黨情治及外交單位。

後來，粟明德自己悟出一番道理來：「當時整個中央政府，退到台灣這樣一個陌生的地方來，發現他白某人對於此地，已經先有這麼大的功德，德威兼有，而蔣某人只要有威而德未立，如果那個時候，可以民主競選的話，白和蔣兩位，當選的會是誰？這個道理很簡單，白先生受到蔣氏的妒忌，也是很自然的事情：怕你（白）再起，會形成『一山兩虎』，那成什麼話？於是只好先將你壓制住再說。」[9]

父親於一九四九年十二月三十日入台，距離一九四七年「二二八事件」只有兩年多，父親在台灣所施的德政拯救了許多台籍人士的性命，台灣人民記憶猶新。一般人並不清楚蔣、白之間的關係，蔣對白的打壓。在許多台灣人心中，白崇禧是他們的恩人，是抗日英雄。父親初到台灣，到南部一行，許多小鎮的人民夾道歡迎。有不少台籍知名人士，早期如林獻堂、丘念台，後來如瑞芳鎮長李建興、許丙、陳重光、黃朝琴等與父親多有來往。父親在台灣人民心中的地方名望，的確是蔣介石一大忌諱。兩蔣時期防範最嚴的就是怕有聲望的外省人，與有實力的本省仕紳結合成一股政治力。雷震之所以下獄，就因為他和李萬居、郭國基、郭雨新、吳三連等人計畫組織「中國民主黨」。以白崇禧當時在台灣民間的聲望與台灣人勾結起來，那還了得！於是派特務二十四小時嚴加控管。至於父親二二八在台灣所實行的德政事蹟，國民黨官方文獻一字不提。希望白崇禧對台灣人民的影響，自然消失。

那些年，特務監控，對父親心理的刺激，對我們全家的安寧與隱私，影響是大的。

[9] 白先勇、廖彥博，《止痛療傷：白崇禧將軍與二二八》（台北：時報文化，2014年），頁261-262。

五〇年代，南投草屯鎮白氏宗親歡迎父親到訪。

父親在二二八期間來台宣慰，發布幾項重要命令，拯救了不少台籍人士。五〇年代，離二二八不久，父親到台灣民間，都受到熱烈歡迎，因為台灣人沒有忘記父親在二二八期間的德政。

一九五六年二月二十六日，與彰化白氏宗親合影。父親因二二八來台宣慰期間行了不少德政，在台灣民間甚有威望，到南部受到台灣人民歡迎。

彰化白姓宗親歡迎白崇禧將軍留念
民國 45. 2. 26

第八章

伏櫪處逆 淡泊自適

父親一九四九年底入台時五十六歲，他的前半生參與辛亥革命武昌起義、北伐、抗戰、國共內戰，事業轟轟烈烈，即使在最低潮時北伐完成，放逐安南；大陸淪陷，飛往海口，仍不脫離個人英雄的色彩。五十六歲應該是一個人智慧最成熟，行政能力最強的時候，父親入台後受到各種政治打壓，五十六歲事業戛然停頓，在台十七年，過著平淡而鬱悶的生活。十七年是一段漫長的逆境。疾風知勁草，板蕩識忠臣。就在父親身處逆境的當下，我才看出父親人格上過人之處，偉大的地方。上面儘管處處為難，刻意羞辱，父親仍然坦然以對，昂然不為所屈，不卑不亢，照樣坐著他那輛老爺車雪弗蘭，搖搖晃晃，到總統府去上班，雖然後面有部特務車跟著。大大小小的會議，父親照常參加，雖然《中央日報》登出開會名單，常常故意把白崇禧排在幾個不見經傳的人名後面，連他的隨從參謀吳祖堂也很佩服他：「我們幾個校官開的國民黨小組會議老先生也來參加，從不缺席。」一些跟蔣介石有過過節的大員，如閻錫山、陳濟棠，或者不對盤的楊森、薛岳等人來台灣後，都託病歸隱，不出面了。父親汲汲履行公務，因為他不想落人褒貶，受到打壓，便懷憂喪志。他認為自己是中華民國堂堂陸軍四星上將，對國家是有過貢獻，有過功勞的，他的歷史地位不會因為特務監控，這樣那樣的小動作，而有所動搖。父親是個責任心重的人，他既然拿了國家薪俸，就應該為國家盡一己的義務，哪怕是徒具形式的小組會議，他也照樣參加。

父親的人生觀一向豁達進取，有儒家「知其不可而為之」的精神。他在台灣，雖然不在其位，但一樣關心國家關心台灣前途。在大陸時期，除了軍事戰爭外，他最著重的就是教育；除了在廣西遍設大中小學外，在廣州、在重慶也曾設立中學。他做軍訓部長時期，在他督導下，四川設立了幼年空軍學校、空軍通訊學校、空軍士官學校等。他相信教育乃強國之道，他常說日本強盛起來，從小學教育開始。

一九五〇年代初，本省人士黃朝琴、陳啟川、黃國書等人要求設辦「成功大學」以紀念鄭成功，但台北、台南兩方人士對設校地點意見不同，台北人士主張設在台北，台南人士主張設在台南，互相爭執不下。當時本省籍士紳對父親還相當尊重，便去求教父親。父親把他們請到家中來喝茶討論，雙方辯論甚久，父親調解說道：「在台北有台大了，鄭成功在台南意義重大，同時台南原有工專，可改工學院，醫院可以改醫學院，法學院比較容易。我不是台灣人，不會刻意偏袒，在南邊設一個成功大學比較合理，將來在台中亦可設立一間大學。」兩邊人士才不再爭執下去。父親看見蔡培火一直沒講話，便問他的意見，誰知蔡培火語出驚人，他說：「我的意見不只成大不能開，台大亦要停辦，動員令一下誰還讀書？現在是戰時，連台大也要停辦。」父親連忙解釋，各國遇到戰事，大學也不會停辦。現在的戰爭是科學戰爭，空軍、海軍都徵了許多大學生，所以談戰爭更應辦大學。大家都說：「怎能聽他的！」台灣士紳們又要父親去跟陳誠說，陳誠是副總統兼行政院長，陳誠說：「一個台灣大學畢業生畢業後已夠了，再設大學，將來大學生失業不得了。」陳誠不贊成，父親據理力爭。當時教育部長程天放亦主張開辦大學，經過大家一番爭取，成功大學終於在台南設立；白崇禧為成功大學爭取奔走，成

大的校史有所記載。❶

父親也非常關心台灣的軍隊。台灣還沒徵兵以前，政府半徵半募了一批台灣青年，施以軍事訓練，訓練期滿了，當時竟不敢用，想遣散回去。父親考慮這件事後，去對陳誠副總統說：「現在大陸來的兵源漸漸老了，反攻大陸一定要動員台灣兵力，部隊新陳代謝是必然的，我們對台灣同胞應一視同仁，開誠布公，都是中華民族的子弟，何況事實上非用不可，勢必出此。」陳誠意見雖然與父親不同，後來還是分發出去用了。父親與陳誠的關係也相當微妙。在大陸上，父親當國防部長，陳誠為參謀總長，因為蔣介石寵信陳誠，軍事實權都在參謀總長手中，父親因為軍事戰略見解與陳誠常常不同，兩人立場對立。但兩人私下，互相還有一定的尊重，父親在陳誠那裡是說得上話的。遠在北伐期間，父親為東路軍前敵總指揮，陳誠任東路軍團長，有這層關係陳誠還相當念舊。陳誠在台灣身任副總統兼行政院長，權傾一時，炙手可熱，可是他要兼任行政院長之前，還是來詢問父親的意見。父親知道陳誠身體健康情況不太好，他患胃潰瘍，開過刀，不宜太過勞累。父親對他講了這一番肺腑之言：

> 我贊成你四個字「養體養望」，副總統是輔助總統的，備而不用，不負實際責任，大地方與總統研究討論，與各部會首長研究，順便養體。我們將來的目的，不是老死台灣，機會來了，要反攻大陸，副座責任加重，現在把身體弄壞了將來吃不消。

❶ 馬天綱、賈廷詩、陳三井、陳存恭（訪問、紀錄），《白崇禧先生訪問紀錄》，下冊，頁 893-894。

其次要養望，副元首威望一天天增高，不要損害他。譬如在憲法中行政院長是總統提名，經立法院同意，如兼行政院長便要對立法院負責。行政院部屬很多，你對自己有信心，但誰敢保證底下個個好，出了事，立法院要質詢，監察院要彈劾，懲戒委員會要懲戒，這都牽涉到本身，難免「用人不當，監督不嚴」之責，有損威望。再者行政院是對立法院負責，行政計畫，年度報告帶著有關部會首長去立法院，接受委員質詢。固然民主政治本當如此，但情形等於是科考，更不如聽的是好像審犯人一樣，你自己說過於望有損。此外，你的行政計畫，年度計畫，要是立法院不同意，要你重新修過，再不同意，你要辭職，像這種情形都是有損威望。你既自承身體不好，我贊成你不兼。❷

可是蔣介石一定要陳誠兼，陳誠只好兼了，父親送他這句話：「持其大者，節勞最好。」

陳誠擔任行政院長，實行三七五減租，政績有聲有色，但操勞過度，六十八歲過世，未能接大位。陳誠不以自己高高在上，對父親禮數有所不周，父親亦不以自己不在其位，而對陳誠有所顧忌。兩人在商量國家大事的時候，都能知無不言，坦誠相對。這就是父親那一輩將領的風範。

陳誠大概對父親在台灣遭受到各種不平的待遇，內心是同情的，父親七十歲，陳誠身著長袍來我們家替父親拜壽。

---

❷ 馬天綱、賈廷詩、陳三井、陳存恭（訪問、紀錄），《白崇禧先生訪問紀錄》，下冊，頁 892-893。

一九六二年父親七十大壽，陳誠來我們家拜壽。陳誠時任副總統兼行政院長，權傾一時，但他對父親的禮數還算周到。在大陸的內戰期間，兩人因剿共軍事戰略不同，常起衝突。但那一輩的國軍將領，自有他們的風度。
後立者右起為我們家兄弟先敬、先剛、先勇、先德、先道及其妻楊維端。

第九章

台灣民間交流與家居

父親關心台灣民間，因為二二八期間父親來台宣撫，實施了不少德政，不少被判死刑的台籍人士因此得救，台灣民間對父親有好感，所到之處都受到歡迎。

一九五一年二月十四日，台南天壇重修完成，父親受邀赴台南參加典禮。台南天壇俗稱天公廟，原址本為延平郡王鄭成功奉明正朔，築台祭告上天的平台，清咸豐四年（一八五四年）才於祭天原址建廟立壇。父親為天壇重修題額：「**仰不愧天**」，表示對鄭成功的尊敬。這是父親第二次與台南結緣。一九四七年三月二十二日，父親為「二二八事件」來台宣撫，下到台南，在台南期間參觀了延平郡王鄭成功祠。鑒於鄭成功奉明正朔，不肯稱帝而稱王，台南人士舉行天壇祭典，準備就其遺址重修，請父親題辭。父親有感於鄭成功一心恢復明室，孤忠大義，在祠前牌坊的橫額上書「**忠肝義膽**」，並撰對聯一副，表示他對鄭成功的景仰與惋惜：

孤臣秉孤忠五馬奔江留取汗青垂宇宙

正人扶正義七鯤拓土莫將成敗論英雄

一九四七年台灣發生二二八事件，蔣介石派父親以國防部長身分，三月十七日至台灣宣慰善後。父親在台十六日，宣布重要政策：禁止濫殺，公開審判。拯救了不少在獄中已判死刑台籍人民性命。

三月二十二日，父親南下宣慰，至台南參觀延平郡王鄭成功祠，在祠前牌坊的橫額上書「忠肝義膽」，並撰對聯一副，表示他對鄭成功的景仰與惋惜。

孤臣秉孤忠五馬奔江留取汗青垂宇宙

正人扶正義七鯤拓土莫將成敗論英雄

一九五一年二月十四日，台南延平郡王祠重修天壇，父親受邀參加完成典禮，並題匾額：仰不愧天。

台南天壇重修完成典禮相當隆重，許多有頭有臉的台灣人士都參加了，特別請父親題辭，也是對他的一種尊重。

父親自己是回教徒，而且是回教協會理事長，回教界領袖，但他在宗教交流上，極為開明，跟佛教、天主教人士多有來往。在大陸時，他與佛教高僧太虛法師、天主教于斌主教組成宗教聯盟。父親與于斌主教到了台灣仍舊交往不斷。父親到台灣民間，也與台灣民間的佛教結緣。苗栗獅頭山是台灣佛教聖地，廟宇林立，其中勸化堂是獅頭山開山祖廟，規模最大，一九五一年八月二十八日，父親抵達獅頭山，參觀勸化堂，由住持法師接待，勸化堂主持贈送父親一幅合照，照片上印著：

獅頭山勸化堂。民國40年8月28日。歡迎白長官崇禧蒞山留念。

台灣鹿港龍山寺非常有名，歷史悠久，規模宏大，格局完整，是台灣現存最精美的大佛寺之一，鹿港龍山寺主祀觀世音菩薩，曾經一度香火鼎盛。父親一九五〇年代曾到鹿港龍山寺一遊，應住持之邀，留下了一副對聯：

無我無人積善因而成勝果
大慈大願淨魔障以渡慈航

父親這副對聯，至今仍刻留在大殿的柱子上。

一九五一年八月二十八日，苗栗獅頭山。
父親（右五）與勸化堂法師合影。父親為回教徒，但他對宗教信仰的態度相當開明，也結交佛教、基督教界的朋友。

一九五〇年代，父親在鹿港有悠久歷史的龍山寺留下楹聯題字：

　無我無人積善因而成勝果

　大慈大願淨魔障以渡慈航

父親雖為虔誠的回教徒，但他對佛教大慈大悲的教義也能認同，他的宗教觀是極寬容的。

（攝影：楊富閔）

二〇一四年，我到西安，在西安大清真寺發現父親題的一塊匾額，而我去參觀保存玄奘法師靈骨塔的護國興教寺，發現功德碑上刻有民國時期重修興教寺捐款人的姓名，白崇禧赫然在其中，捐了二千洋。父親對於宗教大概都有一種崇敬的心。

父親「二二八事件」來台灣宣撫，對台灣歷史有所涉獵，尤其對日據時代，台灣抗日烈士的歷史，他最感興趣。台灣著名的抗日英雄羅福星原來出生印尼雅加達，乃廣東客家人，後隨祖父來台，居住苗栗。一九〇七年回大陸參加同盟會，並參加黃花崗起義，羅福星於一九一二年（民國元年）返台組織同盟會台灣支部，秘謀抗日，以革命推翻日本殖民統治。提出「驅逐日人，收復台灣」口號，一九一三年已有五百多名會員。不幸同年九月，羅福星的組織一一遭到日本憲兵偵破，十二月十六日羅福星被捕，牽連九百多人，羅福星等二十人被判死刑，送上絞刑台，這便是有名的「苗栗事件」。一九五二年，苗栗地方人士籌建昭忠塔，紀念羅福星抗日英雄事蹟，邀請父親題辭，父親撰寫對聯，以表欽敬：

碧血灑蓬萊義不帝秦存浩氣

黃圖歸禹域功成復楚慰英靈

父親雖大半生都從事軍事，但一九三〇年代他主政建設廣西的時候，對廣西的經濟建設，也多所參與，尤其是如何把一個工業、農業落後的省份，在短期內現代化，提升其生產的計畫，父親著力甚多，七年間，把廣西建設成全國模範省。雖然到了台灣，父親不在其位，但對台灣的工業發展，他一樣掛心。高雄唐榮鐵工廠是台灣歷史最悠久鋼

父親對日據時代台灣抗日烈士羅福星十分敬佩。苗栗縣建昭忠塔紀念羅福星，請父親題對聯：

　碧血灑蓬萊義不帝秦存浩氣

　黃圖歸禹域功成復楚慰英靈

相片上的字跡是父親的親筆。

鐵業的龍頭，當初是民營的，對台灣的工業，尤其是交通有很大貢獻，台灣各種車類的車廂，當初都出自唐榮的鋼鐵產品。父親聞其名，一九五三年十一月二十一日，父親到唐榮鐵工廠去參觀，受到廠方熱烈歡迎，留下合照裡，工廠大門的上方拉開布條橫幅：

歡迎白健生先生蒞廠指導

那時節，父親到台灣民間，無論走到哪個地方，都受到台灣父老發自內心的敬愛，甚至到草屯那個小鎮，也受到人民夾道歡迎，高高掛著：「**白將軍崇禧蒞臨本鎮**」的布條。父親當時在民間享有如此隆重的聲譽，他在台灣民間的一舉一動，當然被呈報上去，蔣介石也一定有充分掌握，派特務監控，也就是必需的了。

一九二八年，父親以東路軍前敵總指揮率領第四集團軍浩浩蕩蕩，一馬當先，直闖北京城，推倒北洋政府，最後完成北伐；當時北京人民夾道歡迎國民革命軍，北方報紙天天登載白崇禧的消息；父親那時才三十五歲，顧盼自雄，光芒太露，不懂收斂，後來果然惹來「蔣桂戰爭」；蔣介石通緝白崇禧，欲置之於死地。蔣介石忌恨白崇禧，其來有自，有很長久的歷史淵源。

一九五一年父親遊苗栗獅頭山，對國小學生講話。父親雖為軍人，但極重視國民教育，他曾謂日本之所以強國首賴日本小學教育。他在大陸，曾在自己家鄉臨桂縣捐款設立東山小學，他的故鄉子弟得受教育。抗戰時期他在重慶郊外西溫泉，與錢大鈞將軍共同創辦西溫泉小學，供公務員子弟入學。

民國四十二年十一月二十一日

父親雖然不在其位，但仍關心台灣工業發展，
唐榮鐵工廠是當時台灣最重要的鋼鐵工廠。

門前冷落　圍棋自娛

白崇禧與蔣介石總統之間有嫌隙，被特務監控，這個消息大概早已不脛而走；在位的人，為了自保，不敢隨便來我們家探望父親；來了如果被特務登記，恐怕前途受影響。父親當然也很識相，不會為難別人。據粟明德的記載，有一次陪父母親到萬國戲院看電影，電影未開場站在門口，這時候，方治走過來，父親突然把臉別了過去。粟明德覺得很奇怪，等方治走進戲院裡了，粟明德問父親：「您認得方治嗎？」「認得。」父親回答。父親說他擔心方治遇到他會感覺忌諱、為難，所以刻意避開。[1]

父親的桂系老部下，老同僚，從前任軍職的到了台灣都很不得意，很多都被取消軍職，生活困難，自顧不暇。他們知道老長官的處境艱難，所以也不多來見面，以免長官煩心。其中只有李品仙將軍還常來探望父親。李品仙與父親是保定同學，北伐時期與父親一同率領第四集團軍北上完成北伐。抗戰時與父親在「徐州會戰——台兒莊大捷」並肩作戰，並立下大功。國共內戰父親任華中剿總司令，李任副司令，兩人有長期合作的歷史。李品仙反共立場堅定，跟父親的反共立場一致。李品仙到了台灣也是在戰略顧問委員會裡，任了一個閒差。李品仙很看得開，居住半山上，開了一個果園遍植木瓜，豐收時，會採了一簍送給我們。有一年大颱風過境，把李將軍的木瓜樹全部吹毀，李將軍頗

[1] 方治，歷任國民黨中央宣傳委員會秘書，宣傳部副部長、代理部長等。來台後，擔任中央改造委員會設計委員，負責黨務情治高層人員。參白先勇、廖彥博，《止痛療傷：白崇禧將軍與二二八》，頁 267。

父親下棋全神貫注，圍棋變成他重要寄託之一。

為感嘆。夏天，父親與李品仙去遊碧潭，兩人坐在遊艇上，穿著白汗衫，手搖蒲扇，一派閒情逸趣，哪裡看得出這是兩位曾經叱吒風雲的百戰將軍。

父親的桂系部下，有些雖然任過軍職，但後來選上了立法委員、監察委員、國大代表，境遇就好得多。因為國民黨需要這些立、監委組成政府，國大代表選總統時有用，所以對他們有相當優渥的待遇。由於他們是民選的，不怕丟官，所以也比較沒有顧忌。但他們體諒父親的處境，過往不能太密，以免引起上面的疑心，造成父親的不便。

跟父親還保持來往的桂系舊部有陳恩元（監察委員）、呂競存（國大代表）、梁朝璣（國大代表）、徐啟明（國大代表）、蘇新民（國大代表）、雷殷（立法委員）。[2]

這些桂系舊部，有的是和父親在廣西陸軍小學同學，有的一起進到保定軍校，又是同學，他們在桂軍尤其是第七軍中都扮演了中堅角色，跟著父親北伐打天下，抗日抵抗外侮，建設廣西，把一個貧窮落後的區域建設成全國模範省。國共內戰，他們抵抗共軍到最後，然而大勢已去，曾經風光一時的桂系集團終於土崩瓦解，煙消雲散。大家孑然一身，渡海來台，與父親相聚時，內心感慨，必然無窮無盡。但奇怪的是，父親與他的桂系舊部相聚時，從未楚囚對泣，他們身上總好像有一種廣西人打死不屈的「硬頸」精神，因為他們知道他們曾經對國家，對家鄉廣西有過貢獻的。他們偶而提起廣西模範省，臉上仍有得色。三〇年代建設廣西時期，陳恩元是廣西民團幹部學校校長，桂林民團指揮官。廣西民團是父親建設廣西最得意的傑作，他自己擔任民團總指揮，被稱為「老團總」。男性十八歲至四十歲都要入團，接受軍事訓練，因此全省皆兵，廣西有「新斯巴達」之稱，訓練出一支強大軍隊，抗戰時期桂軍發揮了很大作用。陳恩元便是父親建設廣西的手下大將，還有雷殷，他任廣西民政廳長，蘇新民任百色區民團指揮部指揮官，都是「老團總」的手下強將。

陳恩元、呂競存的太太是母親多年的老友，所以陳、呂兩家跟我們家又走得近些。

徐啟明是父親陸軍小學、保定軍校的同學，一直是桂軍第七軍（北伐時有「鋼軍」之稱）的重要將領。抗戰時期參加淞滬會戰、武漢會戰、徐州會戰——台兒莊大捷等重要戰役。內戰時任華中第十兵團司令官，一九四九年十一月兵敗，手下全軍覆沒。父親在海口龍門港的兵艦上，等徐啟明率部撤出，等了幾天不見蹤影。原來徐啟明在亂軍中

---

2 陳恩元（1897-1976），廣西全縣人，陸軍小學，陸軍速成學堂畢業，軍職任第四集團軍少將副官長，第二十九師師長。廣西建設時期，陳恩元先是出任興全灌警備司令兼全縣縣長，後來改任廣西民團幹部學校校長，桂林民團指揮官等，抗戰時並任三年桂林市長。

呂競存（1897-1967），字鏡秋。廣西臨桂會仙圩人。陸軍小學第四期，武昌陸軍軍官第二預備學校，保定六期畢業。軍職任第十五軍少將參謀長，兼南寧中央軍事政治學校第一分校校長，兼廣西省政府委員。一九三八年，調任廣西軍管區副司令，兼省政府委員，主管役政事務。一九四六年兼任桂林中山紀念學校董事長。

梁朝璣，廣西北流人，保定軍校畢業，歷任第四十三師中將師長，第七軍副軍長。抗戰時期，任廣西綏靖公署中將參軍。蔣桂戰爭時，梁是桂軍重要將領。

徐啟明（1893-1989），廣西榴江縣人，廣西陸軍小學第二期，保定第二期，陸軍大學第十二期。軍職一九二六年任國民革命軍第七軍少將參謀長。一九三〇年起任廣西省政府政務處長，廣西綏靖公署中將參軍，第七軍一七〇師師長，國民革命軍第七軍軍長。參加淞滬會戰、武漢會戰、徐州會戰、和第二次長沙會戰。一九四九年任第十兵團司令官，十一月兵敗，亂軍中逃往香港。

蘇新民（1900-1983），廣西靈川縣人，一九二一年考入北京大學物理系，後因父病輟學回家，曾任百色區民團指揮部指揮官，第七軍一七二師五一六旅少將旅長，一九四二年調任桂林市長。

雷殷（1891-1982），廣西邕寧人，老同盟會員，曾任廣西省政府民政廳長，輔佐白崇禧實行縣長、民團、學校「三位一體」，三自三寓政策。

李品仙將軍乃桂軍重要將領，北伐、抗戰、內戰與父親都有緊密關係，兩人共同經歷「台兒莊大捷」重要戰役。內戰時期，父親任華中剿總司令，李品仙為副司令。在台灣兩人時有往來。
圖中父親與李品仙兩位身經百戰的老將軍輕裝遊碧潭，一派閒暇。

一九五五年父母親結婚三十週年，母親的老朋友們來祝賀，她們都是桂系將領的夫人。左起：陳恩元夫人、李品仙夫人、母親、呂競存夫人，她們是在台灣少數還跟母親往來的朋友。

化裝成百姓逃往香港去了。徐啟明流落香港，行中醫為生。一九五四年開國民大會才入台。徐啟明萬劫歸來，見到白總司令，千言萬語恐怕一時也說不清楚。有一次我看到徐啟明到我們家來，手上提著一隻醫囊袋，原來父親受傷的左腿又發作了，徐啟明來替父親針灸。徐司令的中醫術倒派上用場了。

在位的人經常來我們家探望父親的，只有周德偉先生一人。❸周德偉當時是財政部關稅署署長，這是個敏感的位子，可是周德偉沒有顧忌，不怕密報，照樣大大方方經常出入我們家，陪父親下一局圍棋。

周德偉為人剛直，守正不阿，出言真率，毫無忌諱。常常下完棋，父親便留周德偉在家裡用餐，在飯桌上周德偉高談闊論，從歷史談到時政，常常有過人觀點，時時有針砭之處，一口濃重的湖南腔，辛辣如湘菜。父親坐在一旁，微笑不語，大概心裡是非常欣賞這位棋友的快言快語的。周德偉言論中明示暗示顯然對時政頗為不滿，周德偉自負，瞧不起滿朝馬屁文化，當然，有意無意間對蔣介石就露出一兩句微詞了。證諸周德偉晚年寫的自傳《落筆驚風雨：我的一生與國民黨的點滴》中這樣的看法：❹

> 我不寫國民黨史，國民黨將永無真史！
>
> 所謂現任中央委員，最大部分均是抱著蔣介石左右的一條腿起來的，或是從蔣介石宮廷出來的宦豎，他們均未參加過國民革命！
>
> 國民黨自毀長城，失去領導群眾的實際巨魁，蔣氏不能不負其責！
>
> 蔣介石辦黨之方法乃竊取青幫辦幫之方法，非中山辦黨之方法！

周德偉對蔣介石以及蔣介石所掌控的國民黨很早就心懷不滿了。以周德偉這種耿介的個性，在台灣官場中當然不會很得意。據他的兒子周渝說，周德偉退休政府只給了他十六萬退休金，兩夫婦還得靠兒女供養。

周德偉願意常常來陪父親下圍棋，其實也就表示他對父親的敬重，對父親的遭遇感到不平。父親過世，我把他們兩人時常對弈的一副圍棋送給周德偉作紀念，感謝他不畏情治監控，常來陪伴父親。國民黨內還有像周德偉先生這樣風骨錚錚的人，實在難得。

圍棋鬥智，講究戰略，部署棋子如布戰局，與軍事韜略好有一比，甚為父親喜愛。從前在大陸戎馬倥傯，無暇及於棋藝，在台灣閒暇時候多，圍棋成為父親的主要娛樂。大國手吳清源的堂弟吳滌生是我們後巷鄰居，也是圍棋高手，常來指導父親，也因此後來結識吳清源本人。父親凡事認真，圍棋對弈，也是一板一眼，全神貫注。他參加中國圍棋協會，有時也會到協會去與棋友周旋一兩盤。

一九五二年八月三日，台北中山堂光復廳有一場很不平常的棋賽，觀眾上千，父親也在其中。原來旅居日本的圍棋大國手吳清源返國，居然跟一位年方十一歲的圍棋神童對弈。吳清源讓棋六子，林海峰只輸了一目，引起全國轟動。

---

❸ 周德偉（1902-1986），湖南長沙人，自幼受父親以傳統儒生方式的教養，影響其一生，時時以愛民治國為念。一九二〇年入北大，但對於當時五四運動反傳統以及馬列主義的左傾思想不以為然，乃加入國民黨，後留學英倫、德國，在倫敦政經學院成為著名經濟學家海耶克的門生。抗戰爆發，周德偉返國執教湖南大學經濟系，兼系主任，後並在中央大學、台灣大學、政治大學兼任教授。周德偉治學嚴謹，一心為台灣引進西方自由主義思想被稱為「儒家自由主義者」，與殷海光、張佛泉、徐道鄰等自由主義學者往來，其紫藤廬老宅即為學者們聚會所，其晚年完成翻譯八十萬字海耶克巨著《自由憲章》。

❹ 周德偉，《落筆驚風雨：我的一生與國民黨的點滴》（台北：遠流，2011年）。

林海峰，祖籍浙江寧波，出生上海，國共內戰時隨家來台。林海峰自幼便展現圍棋天才，九歲參加全國棋賽，便大出風頭，擊敗許多圍棋名流。父親也曾敗在小小海峰手下，於是大為欣賞。受到吳清源鼓勵，林父欲送海峰赴日深造，苦無資金，父親得悉，出面籌款，神童林海峰得以成行。父親一生愛才，曾經培養過為數甚眾的青年學生、幹部，送他們出國深造。尤其家境清寒，努力向上的有志青年，父親更是大力相助。一九五二年十月二十九日，林海峰終於出國赴日了，父親親自到松山機場送林海峰，兩人在機場有一張合照，一老一小，頗為動人。父親在照片上題字：**十一歲神童林海峰合影，民國四十一年十月廿九日林童赴日圍棋院深造在松山機場攝影**。父親似乎頗珍惜這張合照。

林海峰在東京進入了日本棋院，受過嚴格訓練後，終於拜在吳清源門下，成為大國手的第一個弟子，踏上他日後成為棋王之路。一九六六年一月底，林海峰偕同老師吳清源返台，前一年，林海峰以四勝二敗擊退坂田榮男奪得「名人」頭銜，二十三歲的林海峰成為日本「棋王」。林海峰品德很好，非常念舊。他偕同老師吳清源、日本女棋士本田輝子五段到台北松江路家中拜會父親，在客廳中合影，兩人笑容燦然，林海峰已比父親高出一個頭了。父親一定感到非常欣慰，十四年前送出去的小神童，如今載譽歸來，已經成為青年棋王。就在同一年十二月，父親便歸真了。

林海峰一路扶搖直上，日本棋壇七大頭銜：棋聖、名人、本因坊、王座、十段、天元、碁聖。除了碁聖外，其他榮譽皆曾獲取。一九九〇年擊敗中國棋聖聶衛平獲得世界棋王。二〇一三年我到東京，在東京大學有一個演講。在東京約見了林海峰，林海峰慇懃招待，在席間他追憶道：**我還記得長官的手，好溫暖。**

一九五二年十月二十九日，父親送十一歲圍棋神童林海峰赴日本圍棋院深造，在松山機場合影。父親似乎很珍惜這張照片，在上面親自題字記載。

一九六六年，林海峰與師父圍棋國手吳清源返台，林海峰已奪得「名人」頭銜，成為日本年輕「棋王」。林海峰拜訪父親，在家中合照，兩人笑容燦然。該年年底父親歸真。
二〇一三年我至東京，受到林海峰宴請。林海峰念舊，他憶起：長官的手好溫暖。

狩獵遇險

父親喜歡打獵，從前在大陸，他曾經在青海草原，馬上馳騁巡獵高原野牛。一九四六年冬，父親巡視華北至山西太原時，也抽空到汾河射大雁。在南京當國防部長公餘之暇，他偶而也攜四子先忠到外行獵，先忠跟父親最親，父子行獵是父親得意時刻。父親槍法神準，常常滿載獵物而歸。來台之後，已無在大陸時的狩獵環境，但餘暇仍小試牛刀，跟朋友到桃園、新竹、花蓮打獵，有時也攜帶小弟先敬同行。那是父親晚年，在沉悶的生活中難得的樂事。父親的獵友有外交部長葉公超，父親與葉公超私交甚篤，兩人個性相近守正不阿，是極少數敢對蔣介石說真話的國民黨官員。國家陷入危機時，他們不惜犯顏直諫，因為他們把國家安危放在最前面，是真正的愛國之士，後來皆因直言賈禍，政治上受到打壓。葉公超因外蒙入聯合國事件與蔣介石意見不合，又言辭不慎，撤職回國。父親常笑說葉公超是「理論狩獵者」，因為葉談起打獵頭頭是道，但經常空手而歸。

一九五五年冬，父親與楊森將軍同至花蓮壽豐鄉山上獵野豬。父親、楊森、副官呂段文及壽豐鄉鄉長林意雙諸人，乘輕軌台車上山，未料火車站訊息錯誤，一輛小火車迎面開來，父親、楊森、呂副官，一齊跳車，得以免難，林鄉長不幸被火車撞斃。父親受過傷的左腿再度摔傷，楊森臉上也有青腫。

這件事被退休特務谷正文演義成情治人員奉高層命令設計謀害父親的案子。這當然完全是捏造的故事，沒有如此笨拙的謀殺計畫，而且還牽涉到楊森。

父親也有幾位民間獵友常常陪伴父親行獵。有一位賴阿通，新竹客家人，是位世

外交部長葉公超與父親私交甚篤，是父親的獵友，兩人都有守正不阿、直言敢諫的個性，彼此惺惺相惜。葉公超推舉白崇禧前往中東回教國家一行，擴展外交，上書蔣介石，被蔣痛斥不識相。

家子弟，在台北鄭州街經營一家漁獵用具商店，父親常去購買獵槍子彈，因此結識，成為獵友。賴阿通很景仰父親，逢年過節，一定攜帶重禮來我們家拜會父親。賴阿通對於狩獵頗有知識，熟悉門徑，父親很賞識他。可是一九五八年，賴阿通突然被警備總部逮捕入獄。罪名不明，大約是「軍火走私」之類。賴家向父親求救，父親四處營救，曾親自去見警備總部副總司令李立柏，李立柏曾為父親屬下，但迄無結果。賴阿通在獄中多年，出獄時，父親已經過世。賴阿通在獄中必定吃過不少苦頭，小弟先敬再見到他，賴阿通原來形貌英挺，完全變了形，而且對他自己的遭遇，隻字不提。據後來情報人員透露，賴阿通入獄是因為他跟白某人來往密切有關，如果此言屬實，父親當年要是知道此事因他而起，真是情何以堪。

家居生活

在大陸時期，父親國事繁忙，與家人團聚的時候不多，即使有，也是間歇性斷斷續續的，難得像在台灣有一段十幾年未嘗中斷的日子。家居生活雖然平靜，表面上好像無事，其實有形無形的壓力，四面八方湧來：特務的監控、政治上大大小小的打壓，需要多大的定力才能抵擋得住。父親涵養深，喜怒不形於色，但內心的苦悶，可想而知，也只有自己一個人暗暗承受。有時候我看見他獨自在院子裡緩緩的練習著太極拳，有時候一個人背手俯身，在欣賞花架上那十幾盆許丙送來名貴的素心蘭，這大概就是他排遣寂寞的方式吧！其實父親內心最沉痛、最沉重、最難以啟口的還是大陸的陷落，整個國民黨政權的瓦解，桂軍子弟兵風流雲散。痛定思痛，也只能默然。

上｜父親的獵友還有美國藍欽大使Karl L. Rankin（左二）、韓國大使李範奭（右一）。

下｜一九五五年冬，父親與楊森將軍（右三）同至花蓮壽豐鄉山上獵野豬。他們乘的輕軌與火車對撞，父親、楊森跳車，父親腿受傷，鄉長林意雙身亡。此事被退職特務渲染成一樁上級蓄意謀害父親的案件。

親聞三事

有人問過我：難道白崇禧都沒有說蔣介石的壞話？

我說我聽過三則：

其一：蔣委員長有一次檢閱，騎著馬進閱兵場，旗兵執大旗往前一揮行禮，委員長的座騎受驚人立，把委員長重重拋下馬來，委員長受到驚嚇，以後閱兵騎馬，總有馬夫在旁緊執馬韁，以保委員長的安全。

父親敘述這段蔣介石不善騎馬的故事，面上頗有得色。因為父親在國民黨將領中以馬術精嫻著名。北伐時，他俘虜了張宗昌一匹千里名駒「回頭望月」，這匹走馬全身赤紅，臀部有一圓圈白毛，父親說他騎在那匹千里駒上，放蹄奔去，馬的腹部幾乎貼地飛行。抗戰期間，父親獲另外一匹名駒「烏雲蓋雪」，那是一匹渾身烏亮的黑毛，四足蹄上卻是白毛，如烏雲蓋雪的高大烈馬，只有父親能降得住牠，別人騎上去，一摔便把人拋下馬來。父親身著戎裝馬靴，騎在「烏雲蓋雪」上，雄姿英發，著實搶眼。難怪在馬上，他要跟蔣介石比劃比劃。

其二：北伐汀泗橋之役後，蔣介石總司令檢閱軍隊，檢閱官張治中作陪，檢閱場上下過雨，土地泥濘，蔣總司令穿著光亮的馬靴，一腳踏進爛泥裡，馬靴沾上汙泥，張治中在一旁當眾馬上俯身蹲下，掏出手巾替總司令擦靴，目睹這一幕，父親從此對張治中便有了看法，作為檢閱官，如此卑躬屈膝，父親瞧不起他。張治中善於阿諛逢迎，甚得蔣介石寵信，歷任要職，甚至攬為侍從室主任，為貼身近臣。一九四九年，李宗仁代總統時，與中共和談，令張治中領團赴北平，張治中一去不返，竟投向毛澤東了。中共建國以後，張治中在毛澤東跟前一樣受寵，吃得開，一大串的官職，做到全國人大常委會副委員長。張治中能周旋於蔣、毛之間，左右逢源，可見其人政治手腕之高。在這兩位霹靂巨星之間，即使做一個弄臣也不是一件簡單的事。不過張治中投向毛澤東，是蔣介石心中一大創痛，如此親信的股肱之臣，竟也棄他而去，讓蔣更感到眾叛親離。

其三：蔣介石總統有一次召集幹部開會，不經意放了一個響屁，其臭難聞，坐在右手邊的立法委員劉文島突然喃喃自語說道：「不臭！不臭！」與會者莫不忍俊不住，總統大為尷尬。劉文島拍馬屁拍錯了地方。

蔣介石在日記裡常常懷疑白崇禧在外面詆毀他。其實父親講的這些故事都是「史實」，不算「詆毀」。說到他跟蔣介石的關係，父親倒說了一番真心話：

「總統是重用我的，可惜我有些話，他沒有聽。」

蔣沒聽他的話大概指的又是一九四六年東北四平街那一仗，還有一九四八年徐蚌會戰。蔣、白之間的分歧，誤了國家大局。

■ 張治中（1890-1969），字文白，安徽巢縣人，國民革命軍二級上將，曾任湖南省主席，國民政府軍事委員會政治部部長兼三民主義青年團書記長，新疆省主席，曾主導參與多次國共和談。中華人民共和國成立後，歷任民革中央副主席，西北軍政委員會副主席，中華人民共和國國防委員會副主席，全國人大常委會副主席。

■ 劉文島（1893-1967），湖北黃州濟縣人，中華民國政治家，外交官，屬CC派。劉文島保定軍校第一期畢業，北伐任國民革命軍第八軍黨代表，兼前敵總指揮部政治部主任。後任漢口市市長，並赴歐任駐德公使，改任駐義大利公使。返國後，任國防最高委員會委員，當選監察委員，後任立法委員。

父親善騎，並引以為傲，座下為其愛駒「烏雲蓋雪」。
馬身為烏黑，四蹄有白毛。

七七抗戰第九週年紀念日全家

抗戰勝利後一九四六年，我們全家十二口人攝於南京，這是我們唯一一張全家福的照片，此後又逢內戰，各奔東西，再也無法團聚。

七七抗戰九週年紀念日在南京十兒

這也是我們十兄弟姐妹唯一的合照。前排右起：先忠、先勇、先剛、先敬。後排右起：先誠、先德、先道、先智、先慧、先明。
現在十個人只剩下我和二姐先慧，其他都不在人世了。

母親馬佩璋夫人。

在台灣漫長的逆境中，母親馬佩璋女士便成為父親最重要的精神支柱了。母親陪伴著父親共渡難關，她那一股傲霜枝的無畏無懼、雍容大度，一點也不輸給父親，在某種意義上更是難得。母親生長官宦之家，是外祖父的掌上明珠，自小錦衣玉食，一旦嫁給父親，馬上捲入軍政風暴，結婚一年，便隨父親北伐，曾經衝封鎖線，爬戰壕。北伐結束，蔣桂戰爭，父親先倉皇逃走，來不及通知母親，大雪夜，母親抱著襁褓中的大姐先智，逃向天津塘沽，坐船至香港。中央攻打廣西，母親又隨父親逃到安南河內。抗戰期末，桂林陷落，母親率領白、馬兩家八十餘口，加入湘桂大撤退，日軍步步進逼，千辛萬苦，才抵達重慶。誰知勝利不到四年，母親又領著我們逃到香港，逃到台灣來。父親常年在前線打仗，家中全靠母親一手撐起，使得父親沒有後顧之憂。

到了台灣，父親的地位受到政治打壓，官場裡世態炎涼，當然也會影響到母親，母親剛隨父親入台時，某天在圓山飯店的大廳裡遇到與父親幾十年的老同僚一位高級將官，在重慶兩家還住在一巷之隔，他的夫人，母親很自然地趨前握手打招呼，那位夫人面露驚惶，左顧右盼，低聲道：「對不起，我們在這裡講話，給人看見不方便。」說著一溜煙便消失了。從此，母親跟那位夫人一家便斷絕了來往。

母親個性熱情率真，不講虛套，她素來不喜官場酬酢，台灣官場裡的虛情假意，她更瞧不上眼了，官方的宴酬，她一概託病推辭，只有一年一度，宋美齡的宴請，她無法推卻。母親說蔣夫人宋美齡對她還是優禮有加的，每次宴罷都親自送至門口。只有一兩次是婦聯會的總幹事皮以書搶著替夫人送客。

母親熱愛生命，熱愛朋友，在那樣鬱悶的環境裡，她仍設法自得其樂。母親愛看戲，那時永樂戲院常上顧正秋顧劇團的戲，顧正秋的幾齣拿手戲《玉堂春》、《鎖麟

一九四六年十二月聖誕節，蔣夫人宋美齡為馬歇爾開聖誕「派對」。馬歇爾在華調停國共內戰失敗，心情懊惱，宋美齡開「派對」在安撫馬歇爾。那晚的宴會請了不少高級將領夫人，前排右六為母親。
母親對官場酬酢一律婉拒出席，只有一年一度宋美齡的宴會母親才參加，宋美齡對母親的禮數一直周到。

上｜五〇年代初，攝於松江路家中院裡。母親生性豁達樂觀，堅毅不屈，她熱愛生命，擁抱人世，跟她在一起如沐春風，感到溫暖。她爽朗的笑聲，把我們家處在逆境中的陰霾一掃而光。

下｜到陽明山賞櫻，是我們家迎春的儀式。父母親領著我們悠遊在百花叢裡，陶然忘機。暫時遠離山下紅塵裡那些政治算計，你虞我詐。

囊》、《漢明妃》、《龍鳳呈祥》、《四郎探母》她都去捧場看過了，而且回來還跟朋友點評一番。永樂戲院設備傳統簡陋，座椅是硬木板的撬撬椅。但是永樂戲院顧正秋的京戲，那些年熨貼了多少外省人內心的鄉愁。

有時候母親的一些老朋友會到家裡來陪她玩幾圈小麻將。母親好勝心強，有永不服輸的個性，贏了高興，把贏來的錢都拿去請客，輸了不服氣，說下次再扳回來。從前在廣西，父親禁賭，我們家從來沒有麻將聚會。到了台灣，父親不在其位，家裡當然也就「開禁」了。事實上父親巴不得有朋友來陪伴母親玩玩小牌解悶。父親心裡對母親是深懷歉意而又充滿敬意的。母親跟隨父親實在沒享過什麼福，在大陸上幾十年兵荒馬亂，戰爭逃難的時候居多。到了台灣，隨著父親地位的降落，母親當然也受連累。幸虧母親並非一般女流，她也曾經過大風大浪，見過世面，而且在大是大非上，深明大義，這是父親最敬佩她的地方。對於物質享受，有，很好；沒有，也無所謂。她住在松江路那幢丙級公務員木板房裡，夏天像蒸籠，颱風來了會漏水，從沒聽她說過半句怨言，也從來不再提起從前我們在桂林、南京、上海的那些房子。拿得起，放得下，是母親的強項。母親一生都灌注在我們身上，十個兒女的重擔，她一肩挑起。戰亂中，我們在她翼卵之下，得以一一成長，而她自己，生命卻因此耗損，到了晚年，身體多病，血壓起伏不平，常常要進醫院。

父親雖然注重子女教育，嚴格要求，但在大陸，他都沒有時間親自督導，教育重擔還是落在母親身上；到了台灣，父親終於有時間監督兩個幼子先剛、先敬了。偏偏先剛讀書不靈，成績單上常常出現紅字。我曾說我們的家庭地位是按成績單來排列的，當然先剛的地位就排到很後面去了，有時先剛被父親盯得走投無路，幸虧母親出面擋一下，要不然先剛在家裡的日子更不好過。我們家的老么先敬本來是父親的「愛兒」，從小就跟著父親，替父親提皮包，脫靴子。先敬聰敏機伶，小學時候得過許多獎狀。可是到了中學，他的叛逆性格便出來了，父親逼得愈緊，他的反彈愈大，兩父子槓上了。父親施用高壓手段，鞭子也打斷了一條，先敬就是不求饒，原來他也遺傳到父親寧死不屈的強硬性格。父親氣得喘吁吁，對付這個么兒，莫可奈何，他發現原來「練兵」和「訓子」根本是兩回事。母親在一旁看著父親訓子的窘態，有點幸災樂禍的笑道：「**我帶大八個，個個好好的，你連兩個都搞不定。**」

父親提起先敬雖然恨得牙癢癢，恨子不成龍，其實他心裡最疼愛的還是這個曾經替他提皮包、脫靴子的老么。

一九四九年大陸變色前後，我們家幾位年紀大一些的兄姐們，都從上海、香港離開到美國去了，其他一半便跟著父母到了台灣；在美國的兄姐各自努力讀書，在異國自求生活。本來父母親還很放心，至少有一半兒女在人生路途上漸上軌道，可是晴天霹靂，一九五六年，三姐先明被護送回國，她患了精神分裂症。明姐的病是父母親晚年最沉重的打擊。明姐排行第六，在我們十個手足裡是心地最善良、最純真的一位，父親曾說過：「**先明的字典裡沒有一個壞字眼。**」知女莫若父，明姐幼時，長相可愛，圓頭圓臉，父親暱稱她蘋果妹。其實明姐是個害羞內向的女孩，表面溫順，不與人爭，可是她的自尊心極強，凜然不可侵犯。母親對於十個子女，已盡力做到公平，但明姐沉靜靦腆，母親熱情豪爽，兩人個性上的差異，親近不起來。母親以為明姐安靜無事，就沒有太把注意力放在明姐身上，何況那時兵荒馬亂，母親支撐全家大小，還加上七親八戚，早已精疲力盡，女兒的心思，母親顧不到了。我跟明姐從小親密，只有我在她隔壁房聽到她一個人暗泣的聲音，少女的寂寞不容易為外人所了解。

上｜在台灣的「克難時期」，母親有我與先剛、先敬相伴，倒也不算寂寞。

下｜先敬是我們家的老么，自小跟隨父親，父親在南京任國防部長，五歲的先敬經常替父親提公事包，先敬機靈、聰敏，甚得父親歡迎。然青少年時因叛逆性格，與父親時起衝突，父親嚴加管教至於鞭撻，先敬倔犟不服，父親惱怒，無可奈何，然而心中最疼愛的還是那個替他提公事包的么兒。

攝於五〇年代。那時松江路的中間還是一道黃泥路，那是台灣的「克難時期」，父母親跟我們在台的三兄弟：先勇、先剛、先敬。

一九五六年冬天明姐回國，我們到松山機場去接她；那晚寒風凜凜，又下微雨，明姐走出機艙，母親臉色慘變，明姐面目全非，身軀臃腫了一倍，她原來修長的身段，清秀的眉眼，統統不見了。明姐回國一年，母親鬢上開始冒出星星白髮。母親深深自責，認為明姐幼年時，沒有給夠她應得的關注。母親努力想彌補起來，可是明姐不知該如何接受她幼年時曾渴求而沒有得到的這一份母愛。母親愈想親近女兒，女兒害怕，躲得愈遠。有一次，我聽見父親在房裡安慰母親，母親嘆息道：「小時候是我把她忽略了，那個女孩子都記到心裡去了呢。」接著哽咽道：「以後我的東西，統統留給她。」

明姐到波士頓留學，在波士頓大學只唸了一年。有一次我問明姐還想不想回波士頓去。明姐搖搖頭說：「不去嘍，那裡冷得很！」明姐說著臉上好像還有餘悸。我不知道明姐在美國受了什麼刺激，但波士頓冬天的冰天雪地顯然把明姐嚇壞了。

明姐的治療，父親盡了最大的心力。父親親自帶著明姐進出台大醫院，明姐在台大精神病療養院還住過一段時期；明姐開始病症相當嚴重，已經產生幻聽幻覺了。父親攜著明姐遍求名醫，西醫、中醫、神醫，什麼都試過。精神分裂症，這個神秘難測的病症，雖然醫學理論一大堆，至今還沒有病因的斷論，但很多人患了這個病卻是有去無回的。幸好明姐的病穩定下來了，沒有惡化下去，只是退縮到幼年階段，變成一個天真未鑿的小女孩。父親帶著明姐出去上館子，吃西餐；到水果店去買水果。夏天父親帶著明姐到碧潭，兩父女一齊游泳，就好像從前在重慶西溫泉，父親帶領我們一齊戲水一般。明姐反而變成父親晚年的好侶伴了。尤其母親過世後，父親跟他的蘋果妹，兩父女更加相依為命。

對我來說，父親既是嚴父又是慈父。父親律己嚴，對兒女下屬的要求當然也就同樣嚴格。他自己聰明機智過人，所以有「小諸葛」之稱，他訂出的標準高，不容易達到。

一九五一年，先明赴美前從香港來台跟父親辭別，先明十七歲，已經長成婷婷玉立的少女了。

這是先明童年在桂林的照片，先明天真可愛，父親叫她「蘋果妹」。

先明一九五六年從美國回到台灣家中，她在波士頓念大學時開始患了精神分裂症。先明的病是父母親晚年最沉重的打擊。先明回來一年間，母親的鬢邊便冒出了星星白髮。

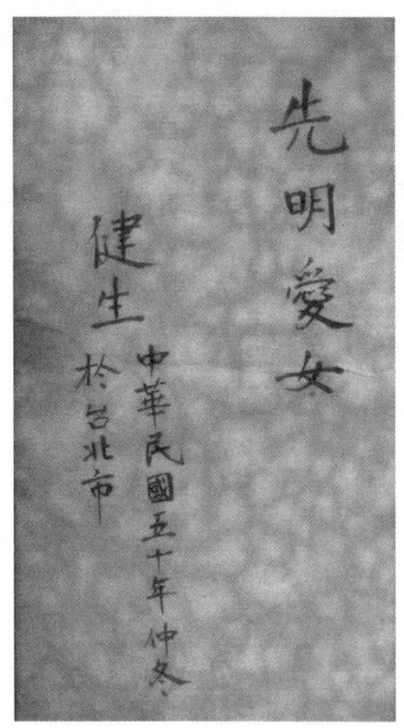

一九六一年冬，父親贈送先明一部相片冊，皆是父親一生所獲勳章的相片，從青天白日勳章，到美、英、法各國所頒勳章。首頁是父親身著戎裝佩戴勳章的肖像。
父親與先明分享他一生的榮耀，這是他對先明全部的父愛。

母親逝世以後，父親與先明兩父女更加相依為命了。台灣夏天炎熱，父親會攜帶先明去碧潭游泳，就如同我們小時候在重慶西溫泉，父親帶領我們一同嬉水一般。

母親不在了，父親與先明面上都增加了一抹愁容。

父親管教我們嚴格，他最厭惡紈絝子弟，我們對他不免心存畏懼，但他對我卻格外寬容，因我幼年患肺症五年，差點性命不保。父親古文有根基，他常對我講解〈後出師表〉，講到「漢賊不兩立，王業不偏安」，父親感觸甚深，他憂慮反攻大陸一拖再拖，兵老將疲，復國大業，愈加渺茫。

做他的下屬固然兢兢業業，做他的兒女也不容易。他對我們課業的要求，有時實在太過了些。大姐先智說她有時做夢還夢見父親突然要她背九九表，背不出來，嚇得夢醒。父親小時家境窮困，他的叔叔滿叔公帶他到他八舅家搭館。八舅公開當鋪，家中開了一個私塾，八舅公勢利，嫌父親家貧，當著父親面說道：「還讀什麼書，去當學徒算啦。」父親小小年紀，銘記於心。後來滿叔公幫他進入村上的學堂，父親從此發奮苦讀，後來終身勤學不倦，而且一生重視教育，推廣教育，對子女的學業，固然要求嚴格，對青年幹部的教育培養也不惜餘力。

幸虧我在建國中學的成績單還不錯，所以家庭地位也就排在前面了。其實我因為幼年時期，患了嚴重的肺病，幸得父母親盡心盡力的治療，救得一命，所以父母對我特別寬容。在台灣我跟父親相處十一年，沒有受過他一句重話。中學畢業，本來保送台大，因為我那時想學水利，要到中國去建三峽大壩，台大沒有水利科目，便轉到成大水利系去。一年之後，發覺自己的三峽夢原是胡思亂想，其實心中最愛的還是文學，於是瞞著父母又悄悄重考，考上台大外文系。父親開始是不高興的，但經過我一番陳情，父親居然被我說服了。我非常感激父親對我的信任，對我志願的尊重，沒有強迫我繼續唸工程。在那個時代，社會氛圍重理工輕文史，父親能容許我自由選擇，是多麼難得。

父親幼年時受的是舊式教育，熟讀四書五經，古文有一定的根基，他的記性特佳，自己又勤學，《史記》、《漢書》、唐宋八大家有些文章他竟會整段背誦，看看他寫的信件、題辭、對聯，遣詞用句，還十分雅馴，大概父親也喜歡人家稱他為儒將吧！

父親有時跟我講解古文，常常以古喻今。他最喜歡的是諸葛亮前後〈出師表〉，講到「親賢臣，遠小人，此前漢所以興隆也。親小人，遠賢臣，此後漢所以傾頹也。」父親特別有感。他常常引〈後出師表〉：「漢賊不兩立，王業不偏安。」「然不伐賊，王業亦亡，惟坐待亡，孰與伐之。」父親說，反攻大陸，一年拖過一年，兵老將疲，「王業」更加渺茫。諸葛武侯那份「鞠躬盡瘁，死而後已」的「兩朝開濟老臣心」，父親是深能認同的。父親唯一會唱的歌是岳飛的〈滿江紅〉，他唱到「待從頭收拾舊山河，朝天闕」的時候，總不免激昂慷慨。我快離開台灣的時候，有一天，父親突然在我面前背誦陸游那首〈示兒〉詩：

死去原知萬事空
但悲不見九州同
王師北定中原日
家祭毋忘告乃翁

我想父親心裡也明白，反攻大陸，愈來愈沒有希望了。可是一九六六年他去世的那一年，他還給他在香港的老同僚前廣西省主席黃旭初一封長信，通篇言不及於私，而是分析越戰如果繼續惡化，美國與中共正面衝突時，便是我們反攻大陸的時機來了。於是父親便以戰略家的眼光，寫下了一個詳細的軍事登陸計畫。信尾父親寫道：

弟待罪台灣十有七年矣。日夜焦思國軍何時反攻大陸，解救大陸同胞。現在國際形勢，確已接近反攻時機，屆時我總統蔣公，必統三軍，揮戈北指，取彼凶殘也。

父親至終，一心所繫還是復國大業，而且還冀望，反攻大陸來臨的那一天能夠貢獻一己之力。

父親與母親一生互相扶持，他們結婚三十週年，親友舊部都來慶賀，母親那晚盛裝出席，跟父親胸襟都別上大紅錦緞花，母親宴上致辭：「**我跟白先生結婚三十載，我們也算得上『患難夫妻』了。**」說著母親禁不住哽咽起來，親友舊部皆為之動容。母親那晚感觸特別深，父親為國家東征西討，打了一輩子的仗，到頭來，連個安適的晚年都享受不到，還要受到種種屈辱，母親當然也為父親不平。父親摟住母親的肩，他疼惜母親，也深深感激這位與他一生患難與共的老伴。

母親最後兩年，身體愈來愈差，血壓常常飆到180-200，藥物控制不住，得住醫院。一九六二年下半年，母親進出中心診所多次，父親天天跑醫院探病，心情焦慮，溢於言色，父親變得憔悴起來。醫生會診，斷定是母親的腎臟出了問題，需動手術開刀。十二月四日那天，天氣陰寒，父親一早帶領我和先剛、先敬還有先明一齊跪下祈禱，乞求真主保佑母親平安。不幸母親手術失敗，流血不止，身亡在手術台上。我曾這樣記載：

> 噩耗從手術房傳出來時，父親一時張皇失措，一臉茫然，這是他一生中所受最重的一擊，一下子竟回不過神來。父親經過無數驚濤駭浪，他臨危不亂、處變不驚的功夫是出了名的，可是母親遽然辭世，那突來的劇痛，即使百戰將軍也難擔當。護士替父親量血壓，一下子飆到兩百多。❺

❺ 白先勇，《父親與民國》，下冊，頁244。

一九五五年二月，父親母親結婚三十週年紀念，那天父母親盛裝出席，衣襟上別上了緞織紅花，母親髮上也簪了喜花。兩人在松江路一二七號門口合照，在這棟木板房裡，他們度過了在台灣的晚年。

父親母親結婚三十週年紀念，親友舊部皆來慶賀。母親致辭：「我與白先生結縭三十年，我們也算是患難夫妻了。」說著母親感觸淚下，親友們為之動容。母親跟隨父親度過重重憂患，北伐、抗戰、內戰，母親一直是父親的精神支柱。

一九六二年三月十八日，父親七十大壽，母親於那一年底辭世。
這可能是父親母親最後一張合照。

我到外面休息室去打電話通知母親的弟弟二舅，我從窗子可以看到樓下的停車場，那部車牌15-5429的黑色吉普車，赫然停在那裡，那三個情治人員立在車前面，他們大概也得到消息了，三個人指手劃腳，交頭接耳，很興奮的樣子。我突然感到，在我們家最慌亂、最哀痛的時刻，這幾個由高層派來監控我們家的情治單位人員，嚴重的侵犯了我們家的隱私，這是一種莫大的不敬、不尊重，是一種有計畫的凌辱。如果當時我手上握有一柄機關槍，我很可能向著那幾個跟蹤特務橫掃過去。

母親的死亡對我也是一次痛徹肺腑的分割，母親本是我們白、馬兩家的支柱，驟然長逝，兩家同感天崩地裂，棟摧樑毀。我在〈驀然回首〉中寫道：「**出殯那天入土一刻，我覺得埋葬的不僅是母親的遺體，也是我自己生命的部分。**」

按回教儀式，母親下葬後，我們需走墳唸經四十天，第四十一天，我便離開台灣到美國留學了，因為母親的病，我向學校請假了一個學期。

那是個二月天，濛濛冷雨，寒風凌厲，父親送我到松山機場，竟破例送到飛機梯下。父親曾領百萬雄師，出生入死，又因秉性剛毅，喜怒不形於色，可是暮年喪偶，兒子遠行，在寒風中，父子擁別，老將軍也禁不住滴下了英雄淚。我坐在飛機窗口，看著父親的背影，一跛一跛的彳亍而去，我突然對父親有一股說不出的憐惜，他現在是完全孤獨了，在逆境在危境中，他得一個人踽踽獨行下去。那是我最後一次看到父親，等我學成，父親先已歸真。

一九六二年母親去世後，父親已了無歡顏。此為一九六三攝於母親墓上紀念亭——佩璋亭，中間石碑上刻著父親紀念母親的文章。

一九六三年攝於松山機場。
這是我與父親最後一張合照。一九六二年十二月四日母親逝世，按回教規矩，我們走墳四十日，第四十一日，我便出國留學飛美了。在寒風中，父親送我步步相依，一直到飛機門下。父親暮年喪偶，兒子遠行，父子相擁，也不禁流下了英雄淚。等我學成，父親先已歸真。

攝於一九六五。
母親不在了，父親一個人在院子裡，不免顯得形單影隻，孤獨寂寞。

一九六五年三月十八日，父親七十二歲生日，母親過世後，
父親一直落落寡歡。客廳牆上懸掛著母親遺像。

第十章

父親歸真

一九六六年十二月二日，父親歸真。二日清晨他的參謀吳祖堂來催請，那天本來準備南下去參加高雄加工出口區落成典禮。吳參謀發現父親在房中已經倒臥不起，醫生診斷是猝發心臟冠狀動脈梗塞。父親身體一向健康，頭一晚還到馬繼援將軍家中去吃涮羊肉火鍋。但心血管病是我們的家族遺傳，很多成員都罹此病。父親享齡七十三歲。

我人在加州，三哥先誠從紐約打電話來告訴我父親去世的噩耗。因為事出突然，我第一個反應不是悲傷是肅然起敬的一種鎮懾。父親是英雄，英雄之死令人敬畏；我坐在黑暗的客廳中，整夜未眠。父親一生，擔負了整個民國的歷史：辛亥革命、武昌起義、北伐、抗戰、國共內戰，他的遽然長逝，跟著父親一齊消失的也就是這段沉重而又沉痛的歷史記憶，我感到如同墜入深淵的失落，那是一個時代的結束，父親那個大起大落、轟轟烈烈的時代，轉瞬間，竟也煙消雲散成為過去。

父親在台灣歸真，正是死得其所。台灣是中華民國的版圖，是國民黨所在地，他一生為黨國奮鬥，身後葬於六張犁回教公墓，那是他最後的歸宿。父親在一九四九年十二月三十日入台，那時台灣風雨飄搖，共軍隨時有渡海的可能。父親不顧自身安危，不顧台灣政治環境對他不利，入台是與中華民國共存亡，用他的話是「向歷史交代」。在台灣他受到種種不公平的待遇，特務監控，形同軟禁，但父親並未因此懷憂喪志，而始終保持著一份凜然的尊嚴。因為，他深信自己功在黨國，他的歷史地位不是一些猥瑣的特務跟監動作所能撼動的，最後他死在中華民國的領土上是他求仁得仁。而流亡海外、老死異國，對父親來說是不可思議的。

父親是陸軍一級上將，他的喪禮是按照最高標準的國葬儀式。以父親在軍中的地位，在國際的名聲，政府高層恐怕也不得不按規矩行事吧。出殯那天，在市立殯儀館舉行公祭，總統蔣介石以下，國府黨政軍高級官員，以及各界人士往祭弔的達到千人。軍事團體有國防部、陸、海、空、勤、警備各總部，由部長及總司令率團獻花致敬。公祭結束後，隨即行蓋棺禮，由四位現役陸軍一級上將顧祝同、周至柔、黃鎮球、余漢謀共持巨幅國旗，覆蓋靈柩，典禮儀式莊嚴隆重。出殯行列由憲兵摩托車隊開路，隨後為軍樂隊及儀隊。靈車過時，路上很多軍人均向靈車行舉手禮。父親靈柩於十二時二十分運抵六張犁回教公墓，按回教儀式下葬。在我們的「白榕蔭堂」墓園，回教教長領導數百位回教教友共同在墓前為父親祈禱誦經。

這次公祭，軍人特別多，上至將官下至校尉士兵，在祭拜中都表現了一份由衷的崇敬，這也是父親數十年在軍中建立的威望所致，父親被尊為「當代最傑出軍事戰略家」，諸葛盛名，並非虛得。

前來祭弔的，還有許多本省人士、台籍人士，很多與父親並不相識，攜幼扶老，到父親靈前獻花祭拜，由他們大量的輓聯輓詩中得知，他們前來弔唁，是因為感懷父親在「二二八事件」善後措施中，對台灣民眾所行的一些德政。公祭各方送來的輓聯、輓詩、輓額、誄詞，有數百幅。許多是父親的軍中同僚、舊部撰寫的，下筆都很公允，有的真情畢露，十分感人。父親歸真深深觸動了他們的家國哀思，反攻復國大業未竟，而八方風雨一代名將溘然長逝。尤其是父親的桂系同僚部屬，父親一向是桂系的精神領袖，桂系軍人曾為國家出生入死，來到台灣，卻處處受到打壓，父親歸真，他們更加感到失落，悲慟愈切。

一九六六年十二月九日，父親的追悼會公祭在台北市立殯儀館舉行。上午七時五十分，蔣介石總統抵達殯儀館靈堂，第一個向父親靈前獻花致哀。蔣介石題頒父親輓額「軫念勛猷」，蔣面露戚容，神情悲肅，向父親靈位行三鞠躬禮，慰問家屬，然後禮畢離去。當天在所有在公祭父親的人當中，恐怕沒有人比蔣對父親之死有更深刻、更複雜矛盾的感觸了。四十年來，一九二六年北伐，白崇禧襄助蔣總司令打天下，推倒北洋政府，一九三七年抗戰軍興，白崇禧運籌帷幄，與蔣委員長並肩抵禦外侮，八年抗日，終於取得勝利。國共內戰，不幸蔣、白分歧，戰略上多所齟齬，政治上時起衝突，最後落得江山易手，君臣反目。蔣公祭那天思起他與白之間四十年的起起落落，能不傷神。究竟蔣介石也曾經重用過白崇禧，賞識過白的軍事才能，白立下的軍功也不得不承認，「軫念勛猷」，是蔣對白公允的評語。

可是到了第二天，一九六六年十二月十日，寫日記的時候，那個被共產黨擊敗，趕到台灣海島一隅，一腔怨毒、滿腹憤恨的蔣介石又出現了，日記如此記載：

> 昨晨往弔白崇禧之喪，其實此人為黨國敗壞內亂中之一大罪人也。其能在行都如此善終，而未像李宗仁、黃紹竑之降匪受辱以死，亦云幸矣。

蔣介石的日記公開後，在中外史學界引起很大的轟動，成為研究民國史最重要的原始資料，尤其大陸歷史學者，常常引用。蔣日記中記載的客觀史實部分的確珍貴，有參考價值，但蔣對人物的否臧，全憑主觀喜惡下筆，往往失去公正。蔣在台灣的日記中對白崇禧頗多偏見，極盡辱罵，其意圖是把白塑造成「叛黨禍國」的「白逆」，把在大陸上軍事敗給共產黨的責任推到白崇禧身上，白公祭的第二天，蔣在日記仍舊寫白「**為黨國敗壞內亂中之一大罪人也**。」蔣介石到最終還是未能與白崇禧和解。

當然父親從來沒「叛黨」，自從一九二三年謁見孫中山後，父親一直服膺三民主義，忠於國民黨。即便北伐完成，「蔣桂戰爭」，父親被中央開除黨籍，還是把廣西建設為「三民主義模範省」。國共內戰，毛澤東幾次誘降被父親嚴拒，父親的反共立場從來沒有動搖過。倒是蔣介石門下的一些黃埔將領，以及親信大員投向中共的倒不少。父親為保衛民國打了一輩子的仗，怎能說他「禍國」？

大陸近年來學界研究民國史頗為蓬勃，南京大學民國史中心最為傑出，南大著名歷史學者高華對國民黨在大陸上軍事失敗的看法鞭辟入裡，十分犀利精確。發表在《上海書評》上的他的一篇訪問，專論國民黨的軍事失敗。他認為國民黨的失敗「如果樸素地還原到基本史實，軍事失敗乃是最重要的失敗，其他原因都是從這裡派生來的，說到底還是軍事第一」[1]——現在中外歷史家大概都有同樣的看法，父親一直如此認為——。高華接著分析了國軍許多在戰略上、在指揮上、在用人上，以及輕敵心理上許多弱點，他最後的結論是：「蔣介石是黨國的重心，以一人領黨、政、軍，他對國民黨的軍事失敗當然要負最大的責任。」[2]

西方歷史學者大都贊成這個看法。高華還談到國民黨缺乏統帥型的將領，他這樣批評：「蔣之用人，一看派系，二看服從和人身依附，白崇禧為國民黨軍中少見的統帥型的將領，因不是蔣的人馬，聰明才智不得發揮。」[3]

蔣介石與白崇禧兩位在國軍中乃屬舉足輕重具有領導地位的人物，蔣重用白，亦賞識其軍事才能，但同時對白卻心生猜忌，並加拘束，使白無法盡展其才，最終兩人未能和諧相處，共同保衛社稷，反而互相牽制，誤了大局，這是國民黨的一個大悲劇。

國共內戰，兩次關鍵時刻，因為蔣介石對白崇禧的信任不夠，鑄成大錯。其一為一九四六年四平一役林彪大敗，白崇禧請纓留在東北督戰，殲滅林部，蔣介石不許，將白硬調南京，林彪四野坐大，席捲東北，林彪百萬大軍破關，一直打到海南。其二為一九四八年徐蚌會戰，白崇禧獻策「守江必守淮」，統一指揮。蔣介石在徐州另設剿總，分奪白的指揮權。徐蚌會戰，國軍大敗，國民黨政權瓦解，大陸淪陷。

「君臣一體，自古所難」，太史公司馬遷在〈淮陰侯列傳〉如此結論。歷朝為了君王開疆闢土立下汗馬功勞的大將：韓信、李廣、岳飛、袁崇煥，沒有一個有好下場。中國人的名言「伴君如伴虎」，蔣、白關係亦可作如是觀。

六張犁回教公墓「白榕蔭堂」的墓園是二哥先德設計的，有回教的形式，墓園取名是遙祭我們家族的中興之主白榕華老太公。父親埋葬在「白榕蔭堂」墓園後，每年十二月二日父親歸真的忌日，他的舊部就會集合起來，開始有上百人，到六張犁父親的墳墓上去祭拜，上至將官，下至士卒，有的七、八十歲了，他們仍一步一步爬上半山，向他們的老長官致上最高敬意，他們懷念這位為國家、為民族身經百戰的老將軍，中華民國最著名的軍事戰略家。

這樣的聚會維持了十幾年，直到他們自己老殘凋謝。

父親白崇禧將軍歸真九年後，民國六十四年（1975年）四月五日蔣介石總統逝世，其靈柩迄今仍停放在桃園大溪慈湖未能下葬。蔣、白二人四十年之恩怨情仇，悲歡離合，至此劃下句點，而他們兩人念茲在茲的反攻復國大業，始終未能完成，兩人皆含恨以歿，徒留千古遺憾。

---

❶ 高華（口述）、張明揚（訪問），〈高華談國民黨在軍事上的失敗〉，《上海書評》，第 15 輯（上海書店出版社，2009 年 9 月 13 日），頁 13。

❷ 同上註，頁23。

❸ 同上註，頁18。

一九六六年十二月九日父親告別式，蔣介石總統於晨七時五十分第一個抵達殯儀館祭弔，蔣面露戚容，對一個曾經與他四十年間一同打天下，抵外侮，共同患難，亦有過齟齬，甚至兵戎相向，最後反目的部屬同袍之死，心中感觸必深。

上｜一九六六年十二月九日父親告別式，蔣介石總統第一個來弔喪，並慰問家屬。圖中家屬代表白先道，蔣身後為侍衛長郝柏村。（徐宗懋提供）

下｜一九六六年十二月二日父親歸真，蔣介石總統頒題父親輓額：軫念勛猷。雖然弔喪第二日——十日日記中寫下：其實此人為黨國敗壞內亂中之一大罪人也。但白崇禧對國家的功勛，又確實無法抹煞。軫念勛猷其實也是蔣介石清醒時的真心話。

父親歸真，啟靈前，由四位一級上將覆蓋國旗：顧祝同、黃鎮球、周至柔、余漢謀。

國防部公祭，蔣經國部長主祭。父親是中華民國首任國防部長。

父親葬禮
出殯。

上｜父親葬禮

三軍儀隊敬禮。

下｜父親葬禮

一九六六年十二月二日父親歸真，九日以回教儀式安葬於六張犁回教公墓白榕蔭堂墓園。

父親歸真，葬在六張犁半山的回教公墓，每年十二月二日，父親的忌日，他的舊屬部下成百人，都會從各地趕來，到父親墓上追悼他們的老長官。這種聚會持續十餘年，直到他們自己老殘凋謝。

台北六張犁半山回教公墓的白榕蔭堂墓園。
（攝影：許培鴻）

二〇〇九年十一月二十日，天下微雨，我到六張犁回教公墓父親墓上獻花，追念對我有養育之恩的父親，同時也向一位曾經保衛國家、保衛民族、身經百戰的將軍，一位現代中國傑出的軍事戰略家，致上最高敬意。他埋葬在六張犁半山的回教公墓，中華民國的國土上。

（攝影：許培鴻）

參考書目

一、檔案

（一）未刊檔案

《大溪檔案．黨務類》，台北：中國國民黨文化傳播委員會黨史館藏。

《白崇禧專檔》，美國加州：史丹佛大學胡佛研究所藏。

《特種檔案》，台北：中國國民黨文化傳播委員會黨史館藏。

《國民政府檔案》，台北：國史館藏。

《教育部》，新北市：國家發展委員會檔案管理局藏。

《國防部史政局及戰史編纂委員會》，南京：中國第二歷史檔案館藏。

《國軍檔案》，新北市：國家發展委員會檔案管理局藏。

《陳誠副總統文物》，台北：國史館藏。

《會議記錄》，台北：中國國民黨文化傳播委員會黨史館藏。

《閻錫山史料》，台北：國史館藏。

《蔣中正總統文物》，台北：國史館藏。

《總裁批簽檔案》，台北：中國國民黨文化傳播委員會黨史館藏。

《戴笠史料》，台北：國史館藏。

（二）出版檔案

中央檔案館（編），《中共中央文件選集》，第15、16、18冊（北京：中共中央黨校出版社，1992年）。

中央檔案館（編），《皖南事變（資料選輯）》（北京：中共中央黨校出版社，1982年）。

中國第二歷史檔案館（編），《抗日戰爭正面戰場》（南京：江蘇古籍出版社，1987年）。

中國第二歷史檔案館（編），《中華民國史檔案資料匯編》，第五輯第二編：軍事二（南京：江蘇古籍出版社，1998年）。

秦孝儀（主編），《中華民國重要史料初編——對日抗戰時期》，第七編：戰後中國（一）（台北：中國國民黨中央委員會黨史委員會，1982年）。

黃嘉謨（編），《白崇禧將軍北伐史料》（台北：中央研究院近代史研究所，1994年）。

國史館，《蔣中正總統檔案：事略稿本》

王正華（編註），冊1（台北：國史館，2003年）。
周美華（編註），冊2（台北：國史館，2003年）。
周美華（編註），冊3（台北：國史館，2003年）。
周美華（編註），冊4（台北：國史館，2003年）。
吳淑鳳（編註），冊5（台北：國史館，2003年）。
高明芳（編註），冊18（台北：國史館，2005年）。
高素蘭（編註），冊31（台北：國史館，2008年）。
葉健青（編註），冊37（台北：國史館，2009年）。
高素蘭（編註），冊38（台北：國史館，2010年）。
張世瑛（編註），冊40：補編（台北：國史館，2015年）。
葉健青（編註），冊41（台北：國史館，2010年）。
張世瑛（編註），冊42：補編（台北：國史館，2015年）。
葉惠芬（編註），冊58（台北：國史館，2011年）。
蔡盛琦（編註），冊63（台北：國史館，2012年）。
葉健青（編註），冊64（台北：國史館，2012年）。
葉健青（編註），冊65（台北：國史館，2012年）。
葉健青（編註），冊66（台北：國史館，2012年）。
周美華（編註），冊70（台北：國史館，2012年）。
程玉凰（編註），冊72（台北：國史館，2013年）。
葉惠芬（編註），冊74（台北：國史館，2013年）。
林秋敏（編註），冊78（台北：國史館，2013年）。
周美華（編註），冊79（台北：國史館，2013年）。
葉健青（編註），冊81（台北：國史館，2013年）。

United States Department of State ed., *Foreign Relations of the United States, the Far East: China*, Vol. VII, IX (Washington, D.C.: U.S. Government Printing Office, 1978).

United States Department of State ed., *Foreign Relations of the United States, 1947, The Far East: China*, Vol. VII (Washington, D.C.: U.S. Government Printing Office, 1971).

United States Department of State ed., *Foreign Relations of the United States, 1949, The Far East: China*, Vol. VIII (Washington, D.C.: U.S. Government Printing Office, 1978).

United States Department of State ed., *United States Relations with China: With Special Reference to the Period 1944-1949*, vol. 1(Stanford, CA: Stanford University Press, 1967).

二、日記、函件、手稿

（一）原件、影印本

《吳忠信日記》，影印本，台北：中國國民黨文化傳播委員會黨史館藏。

「李宗仁致白崇禧電」（1948年3月7日），毛筆原件，桂林：李宗仁文物陳列館藏。

海競強，〈白崇禧將軍對黨國之勳功及卓見〉（手寫未刊稿），未標示日期。
「黃旭初日記」，南寧：廣西壯族自治區博物館藏。
黃旭初（編），《健生書簡》，卷一至三，原件，南寧：廣西壯族自治區博物館藏。
「蔣中正日記」，美國史丹佛大學胡佛研究所藏。

（二）出版品

何成濬，《何成濬將軍戰時日記》（台北：傳記文學出版社，1986年）。
邱凱雲（選編），〈邱昌渭往來函電選〉，中國社會科學院近代史研究所近代史資料編輯部（編），《近代史資料》，第117號（北京：中國社會科學出版社，2008年）。
林秋敏、葉惠芬、蘇聖雄（編校），《陳誠先生日記》，冊1（台北：國史館、中央研究院近代史研究所，2015年）。
林美莉（編校），《王世杰日記》，上冊（台北：中央研究院近代史研究所，2012年）。
吳興鏞（編注），《吳嵩慶日記》，第一冊：1947-1950（台北：中央研究院台灣史研究所，2016年）。
周美華、蕭李居（編），《蔣經國書信集：與宋美齡往來函電》，上冊（台北：國史館，2009年）。
黃自進、潘光哲（編），《蔣中正總統五記．困勉記》，上、下冊（台北：國史館，2011年）。
——，《蔣中正總統五記．省克記》（台北：國史館，2011年）。
徐永昌，《徐永昌日記》，冊1-12（台北：中央研究院近代史研究所，1992年）。
陳方正（編校），《陳克文日記1937-1952》，上、下冊（台北：中央研究院近代史研究所，2012年）。
馮玉祥，《馮玉祥日記》，第2冊（南京：江蘇古籍出版社，1992年）。
陶晉生（編），《陶希聖日記：1947-1956》，上冊（台北：聯經出版，2014年）。
傅錡華、張力（校註），《傅秉常日記：民國三十五年（1946）》（台北：中央研究院近代史研究所，2016年）。
蔡盛騏、陳世局（編輯校訂），《胡宗南先生日記》，下冊（台北：國史館，2015年）。
錢世澤（編），《千鈞重負：錢大鈞將軍民國日記摘要》，第2冊（台北：華品文創，2015年）。

三、年譜、文集

中共中央文獻研究室（編），《毛澤東選集》，第4卷（北京：人民出版社，1991年）。
——，《建國以來毛澤東文稿》，第1冊（北京：中央文獻出版社，1996年）。
——，《毛澤東年譜》，上、下卷（北京：中央文獻出版社，2013年）。
中國人民解放軍軍事學院（編），《陳毅軍事文選》（北京：解放軍出版社，1996年）。
中國社會科學院近代史研究所中華民國史研究室（編），《胡適來往書信選》，中冊（香港：中華書局香港分局，1983年）。
中國第二歷史檔案館（編），《蔣介石年譜初稿》（北京：檔案出版社，1988年）。
白先道（編），《陸軍一級上將白公崇禧榮哀錄》（台北：白公崇禧治喪委員會，1966年）。
呂芳上（主編），《蔣中正先生年譜長編》，第9冊（台北：國史館、國立中正紀念堂管理處、財團法人中正文教基金會，2015年）。
軍事科學院《劉伯承軍事文選》編輯組（編），《劉伯承軍事文選》（北京：解放軍出版社，1992年）。
梧州區民團指揮部（編），《白副總司令訓話集》（梧州：編者，1933年）。
秦孝儀（編），《總統蔣公思想言論總集》，卷9：論著；卷14、17：演講；卷22：訓詞；卷32：書告；卷37：別錄（台北：中國國民黨中央委員會黨史委員會，1984年）。
——，《總統蔣公大事長編初稿》，卷4（台北：中國國民黨中央委員會黨史委員會，1978年）。
國民革命軍第四集團軍總司令部（編），《白副總司令最近演講集》（南寧：編者，1935年）。
黃嘉謨（編），《白崇禧將軍抗戰言論集》（台北：編者，2002年）。
鄧小平，《鄧小平文選》，第1卷（北京：人民出版社，1994年）。
歐陽哲生（編），《胡適文集》，第5集（北京：北京大學出版社，1998年）。

四、回憶錄、口述歷史

中共中央文獻研究室二部（編），《周恩來自述》（北京：解放軍文藝出版社，2002年）。

中共吉林省委黨史工作委員會（編），《四戰四平》，（長春：編者，1988年）。

中國人民政治協商會議全國委員會文史資料研究委員會（編），《文史資料存稿選編·全面內戰》，中冊（北京：中國文史出版社，2002年）。

中國人民政治協商會議全國委員會文史資料研究委員會（編），《文史資料存稿選編·軍政人物》，上冊（北京：中國文史出版社，2002年）

中國人民政治協商會議全國委員會文史資料研究委員會（編），《文史資料存稿選編·軍事派系》（北京：中國文史出版社，2002年）。

中國人民政治協商會議全國委員會文史資料研究委員會（編），《淮海戰役親歷記：原國民黨將領的回憶》（北京：文史資料出版社，1983年）。

中國人民政治協商會議全國委員會文史資料研究委員會（編），《遼瀋戰役親歷記：原國民黨將領的回憶》（北京：文史資料出版社，1985年）。

中國人民政治協商會議全國委員會文史資料研究委員會《八一三淞滬抗戰》編審組（編），《八一三淞滬抗戰：原國民黨將領抗日戰爭親歷記》（北京：中國文史出版社，1987年）。

中國人民政治協商會議全國委員會文史資料研究委員會《湖南四大會戰》編寫組（編），《湖南四大會戰：原國民黨將領抗日戰爭親歷記》（北京：中國文史出版社，1995年）。

中國人民政治協商會議全國委員會文史資料研究委員會《粵桂黔滇抗戰》編審組（編），《粵桂黔滇抗戰：原國民黨將領抗戰親歷記》（北京：中國文史出版社，1995年）。

中國人民政治協商會議湖北省委員會文史資料研究委員會（編），《湖北文史資料》，第18輯（1987年）。

中國人民政治協商會議廣州市委員會文史資料研究委員會（編），《廣州文史資料》，第7輯（廣州：廣東人民出版社，1962年）。

中國人民政治協商會議廣西壯族自治區委員會文史資料委員會（編），《新桂系紀實》，上、中、下冊（南寧：廣西區政協文史辦公室，1990年）。

中國人民政治協商會議廣西壯族自治區委員會文史和學習委員會（編），《新桂系紀實續編》，冊1、2（南寧：廣西人民出版社，2005年）。

王仲廉，《征塵回憶》（台北：作者自印，1978年）。

文思（編），《我所知道的白崇禧》（北京：中國文史出版社，2003年）。

行政院國軍退除役官兵輔導委員會（編），《不朽的戰魂：紀念抗戰勝利暨台灣光復七十周年專輯》（台北：編者，2015年）。

汪瑞炯、李鍔、趙令揚（編註），《苦笑錄：陳公博回憶》（北京：現代史料編刊社，1980年）。

沈雲龍、林泉、林忠勝（訪問、記錄），《齊世英先生訪問記錄》（台北：中央研究院近代史研究所，1990年）。

沈雲龍（訪問），賈廷詩、夏沛然等（紀錄），《萬耀煌先生訪問紀錄》（台北：中央研究院近代史研究所，1993年）。

沈雲龍、賈庭詩、夏沛然（訪問），〈龔浩先生訪問記錄〉，《口述歷史》，第7期（台北：中央研究院近代史研究所，1996年）。

李宗仁（口述）、唐德剛（撰寫），《李宗仁回憶錄》，上、下冊（台北：遠流出版，2010年）。

李毓樹（訪問）、周道瞻（紀錄），〈余漢謀先生訪問紀錄〉，《口述歷史》，第7期（台北：中央研究院近代史研究所，1996年）。

宋希濂，《鷹犬將軍：宋希濂回憶錄》（北京：中國文史出版社，1993年）。

何智霖（編），《陳誠先生回憶錄：北伐平亂》（台北：國史館，2005年）。

定中明，《雪泥鴻爪》（台北：作者自印，1994年）。

周宏濤（口述），汪士淳（撰寫），《蔣公與我：見證中華民國關鍵變局》（台北：天下文化，2003年）。

周德偉，《落筆驚風雨：我的一生與國民黨的點滴》（台北：遠流，2011年）。

胡志偉（譯註）、夏連蔭（訪談），《張發奎口述自傳：中華民國第四任陸軍總司令回憶錄》（台北：亞太政治哲學文化，2017年）。

馬天綱、賈廷詩、陳三井、陳存恭（訪問紀錄），《白崇禧先生訪問紀錄》，上、下冊（台北：中央研究院近代史研究所，1982年）。

孫連仲等，《正面戰場：徐州會戰——原國民黨將領抗日戰爭親歷記》（北京：中國文史出版社，2013年）。

陳立夫，《成敗之鑑：陳立夫回憶錄》（台北：正中書局，1994年）。

陳布雷，《陳布雷回憶錄》（台北：傳記文學出版社，1967年）。

陳石君，《杏林滄桑六二年》（台北：傳記文學出版社，1994年）。
陳存恭（訪問、記錄），《徐啟明先生訪問紀錄》（台北：中央研究院近代史研究所，1983年）。
——，〈雷殷與民初內政——雷殷先生訪問紀錄〉，《口述歷史》，第1期（台北：中央研究院近代史研究所，1999年）。
陳儀深、黃克武、游鑑明、許文堂、潘光哲（訪問）、王景玲、簡佳慧等（紀錄），《郭廷以先生門生故舊憶往錄》（台北：中央研究院近代史研究所，2004年）。
黃仁宇（著）、張逸安（譯），《黃河青山：黃仁宇回憶錄》（台北：聯經出版，2001年）。
黃紹竑，《五十回憶》（長沙：岳麓書社，1999年）。
黃旭初（原著）、蔡登山（主編），《黃旭初回憶錄——李宗仁、白崇禧與蔣介石的離合》（台北：獨立作家，2015年）。
——，《黃旭初回憶錄——從辛亥到抗戰》（台北：獨立作家，2015年）。
——，《黃旭初回憶錄——廣西三傑：李宗仁、白崇禧、黃紹竑》（台北：獨立作家，2015年）。
——，《黃旭初回憶錄：抗戰前、中、後的廣西變革》（台北：獨立作家，2016年）。
黃嘉謨、朱浤源（訪問）、鄭麗榕、周素湘（紀錄），《潘宗武先生訪問紀錄》（台北：中央研究院近代史研究所，1992年）。
康澤，《康澤自述及其下場》（台北：傳記文學出版社，1998年）。
張玉法、沈松僑（訪問）、沈松僑（紀錄），《董文琦先生訪問紀錄》（台北：中央研究院近代史研究所，1986年）。
張任民，《回憶錄》（香港：張綺文，1987年）。
張治中，《張治中回憶錄》，上、下冊（北京：中國文史資料出版社，1985年）。
郭廷以（訪問）、沈雲龍、陳三井、馬天綱（紀錄），〈劉士毅先生訪問紀錄〉，《口述歷史》，第8期（台北，中央研究院近代史研究所，1996年12月）。
程思遠，《我的回憶》（北京：華藝出版社，1994年）。
熊式輝（原著）、洪朝輝（編校），《海桑集：熊式輝回憶錄1907-1949》（香港：明鏡出版社，2008年）。
劉永尚，《中央陸軍軍官學校航空班：楊鴻鼎將軍口述歷史》（台北：國防部史政編譯室，2004年）。
劉健群，《銀河憶往》（台北：傳記文學出版社，1978年）。
鄭洞國（原著）、鄭建邦、胡耀平（整理），《我的戎馬生涯：鄭洞國回憶錄》（北京：團結出版社，1991年）。
鮑志鴻，〈抗戰後期的豫湘桂戰役——在軍統局的所見所聞〉，《武漢文史資料》，第2輯（1987年6月）。
錢昌照，《錢昌照回憶錄》（北京：中國文史出版社，1988年）。
顧祝同，《墨三九十自述》（台北：國防部史政編譯局，1981年）。

五、專書

丁劍，《吳忠信傳》（北京：人民出版社，2009年）。
丁震宇、陶興明等，《張有谷將軍傳》（北京：中國文史出版社，2014年）。
三軍大學（編），《國民革命軍戰役史．戡亂》，第5冊：戡亂前期，下（台北：國防部史政編譯局，1989年）。
上海松滬抗戰紀念館（編），《桂軍與松滬抗戰》（上海：上海人民出版社，2011年）。
中央研究院近代史研究所（編），《抗戰前十年國家建設史研討會論文集》，上冊（台北：編者，1985年）。
日本防衛廳防衛研修所戰史室（編）、廖運潘（譯），《歐戰前後之對華和戰》（台北：國防部史政編譯局，1987年）。
日本防衛廳防衛研修所戰史室（編），左秀靈（譯），《廣西會戰》（台北：國防部史政編譯局，1987年）。
王立本，《烽火中國的裝甲兵：1925~1949》（台北：軍事文粹，2002年）。
王立楨，《飛行員的故事》（台北：旗林文化，2005年）。
王禹廷，《胡璉評傳》（台北：傳記文學出版社，1986年）。
王逸之，《徐州會戰：台兒莊大捷作戰始末》（台北：知兵堂，2011年）。
尹相新（編），《亮劍四平街》（長春：吉林文史出版社，2011年）。
民國歷史文化學社編輯部（編），《蔣介石軍事作戰檢討》（台北：開源書局，2019年）。
白先勇，《父親與民國：白崇禧將軍身影集》，上冊：戎馬生涯；下冊：台灣歲月（台北：時報文化，2012年）。
——，《樹猶如此》（台北：聯合文學，2012年）。
白先勇、廖彥博，《止痛療傷：白崇禧將軍與二二八》（台北：時報出版，2014年）。

申曉雲，《民國史實重建與史論新探》（北京：三聯書店，2014年）。
——，《李宗仁》（西安：陝西新華出版傳媒集團、陝西人民出版社，2017年）。
司馬既明（劉心皇），《蔣介石國大現形記》，上冊（台北：桂冠圖書公司，1995年）。
朱克勤，《出席國民大會記》（廣州：著者自印，1948年；台北縣：文海出版社，1977年重刊）。
朱浤源，《從變亂到軍省：廣西的初期現代化，1860-1937》（台北：中央研究院近代史研究所，1995年）。
李君山，《上海南京保衛戰》（台北：麥田出版，1997年）。
李冠儒，《土木砥柱：國軍第十八軍戰史，1930-1956》（台北：知兵堂，2012年）。
呂芳上（主編），《蔣介石的親情、愛情與友情》（台北：時報出版，2011年）。
——，《中國抗日戰爭史新編：軍事作戰》（台北：國史館，2015年）。
防卫厅防卫研修所战史室，《支那事变陆军作战（2）：昭和十四年九月まで》（東京：朝云新闻社，1996年）。
汪朝光、王奇生、金以林，《天下得失：蔣介石的人生》（香港：香港中和出版有限公司，2012年）。
吳興鏞，《黃金往事：一九四九民國人與內戰黃金終結篇》（台北：時報出版，2013年）。
林孝庭（著、校訂）、黃中憲（譯），《意外的國度：蔣介石、美國、與近代台灣的型塑》（台北：遠足文化，2017年）。
周惠民（主編），《陳誠與現代中國》（台北：政大出版社，2017年）。
金沖及，《轉折年代－中國．1947》（北京：三聯書店，2017年修訂版）。
軍事科學院軍事歷史研究部（編），《中國人民解放軍全國解放戰爭史》，卷3、5（北京：軍事科學出版社，1996年）。
梁升俊，《蔣李鬥爭內幕》（香港：亞聯出版社，1954年）。
梁敬錞（編註），《馬歇爾使華報告書箋註》（台北：中央研究院近代史研究所，1994年）。
郝柏村，《郝柏村解讀蔣公日記：一九四五～一九四九》（台北：天下文化，2011年）。
郭汝瑰，《郭汝瑰回憶錄》（成都：四川人民出版社，1987年）。
郭廷以，《近代中國史綱》（香港：中文大學出版社，1989年）。
教育部（主編），《中華民國建國史》，第3篇「統一與建設」（3）（台北：國立編譯館，1989年）。
國民大會秘書處（編印），《第一屆國民大會實錄》（南京：編者，1948年）。
國史館（編），《第二次中日戰爭各重要戰役史料彙編：台兒莊會戰》（台北：國史館，1984年）。
國防部（編），《國民大會代表軍事檢討詢問案之答復》（南京：編者，1948年4月）。
國防部史政編譯局（編），《抗日戰史：徐州會戰（一）》（台北：編者，1963年）。
黃仁宇，《從大歷史的角度讀蔣介石日記》（台北：時報出版，1994年）。
黃道炫、陳鐵健，《蔣介石：一個力行者的精神世界》（香港：中和出版，2013年）。
黃彰健，《二二八事件真相考證稿》（台北：中央研究院、聯經，2008年）。
黃鏘，《衡陽抗戰四十八天》（台北：作者自印，1977年）。
陳佑慎，《國防部：籌建與早期運作（1946-1950）》（台北：民國歷史文化學社、開源書局，2019年）。
陳進金，《地方實力派與中原大戰》（台北：國史館，2002年）。
——，《機變巧詐：兩湖事變前後軍系互動的分析》（新北市：輔仁大學出版社，2007年）。
陳嘉驥，《東北變色記》（台北：漢威出版社，2000年）。
陳壽恆等（編著），《薛岳將軍與國民革命》（台北：中央研究院近代史研究所，1988年）。
許逖，《百戰軍魂：孫立人將軍》，下冊（台北：懋聯文化基金，1989年）。
許承璽，《帷幄長才：許朗軒》（台北：黎明文化，2007年）。
曹志漣編，《一片祥和日月長：報人曹聖芬》（台北：開元書印，2002年）。
程思遠，《白崇禧傳》（台北：曉園，1989年）。
——，《政海秘辛》（台北：李敖出版社，1989年）。
張正隆，《雪白血紅：國共東北大決戰歷史真相》（香港：天地圖書，2016年重排本）。
張學繼、徐凱峰，《白崇禧大傳》，上、下冊（杭州：浙江大學出版社，2012年）。
張贛萍，《抗日名將關麟徵》（香港：宇宙出版社，1971年）。
馮杰，《灕江烽火：桂柳會戰》（武漢：武漢大學出版社，2014年）。
湯晏，《葉公超的兩個世界：從艾略特到杜勒斯》（台北：衛城出版，2015 年）。
費正清（John Fairbank）（著）、張理京（譯），《美國與中國》（台北：左岸文化，2003 年）。
董顯光，《蔣總統傳》，第1、3 冊（台北：中華文化出版事業委員會，1957 年）。
楊天石，《找尋真實的蔣介石：蔣介石日記解讀（二）》（香港：三聯書店，2010 年）。
楊奎松，《失去的機會？戰時國共談判實錄》（桂林：廣西師範大學出版社，1995 年）。
——，《中共與莫斯科的關係（1920~1960）》（台北：東大圖書，1997 年）。
楊維真，《從合作到分裂：論龍雲與中央的關係》（台北：國史館，2000 年）。
賈福康，《台灣回教史》（台北：伊斯蘭文化服務社，2002 年）。
愛瀾，《武漢會戰》（台北：知兵堂，2012 年）。
廣西綏靖公署（編），《定桂討賊軍統一廣西戰史》（台北：廣西文獻社，1997 年）。
——，《完成北伐戰史》（台北：廣西文獻社，1997 年）。
——，《第一方面軍護黨救國戰史》（台北：廣西文獻社，1997 年）。
蔡登山（輯註），《徐志摩情書集》（台北：秀威資訊科技，2006 年）。
滕昕雲，《決盪崑崙關：中華民國對日抗戰桂南會戰崑崙關大捷》（台北：軍事文粹，2017 年）。
劉維開，《蔣中正的一九四九：從下野到復行視事》（台北：時英，2009 年）。
劉馥（F. F. Liu）（著）、梅寅生（譯），《中國現代軍事史》（台北：東大出版，1993 年）。
賴澤涵、黃萍瑛，《立法院院長孫科傳記》（台北：立法院議政博物館，2013 年）。
謝康，《白崇禧傳》（台北：廣西文獻社，1989 年）。
蔣永敬，《蔣介石、毛澤東的談打與決戰》（台北：台灣商務印書館，2014 年）。
——，《多難興邦：胡漢民、汪精衛、蔣介石及國共的分合興衰1925-1936》（台北：新銳文創，2018 年）。
蔣經國，《風雨中的寧靜》（台北：正中書局，1967年）。
鍾文典（編），《二十世紀三十年代的廣西》（桂林：廣西師範大學出版社，1993 年）。
戴峰、周明，《淞滬會戰：一九三七年中日八一三戰役始末》（台北：知兵堂，2013 年）。
譚肇毅（編），《新桂系政權研究》（南寧：廣西人民出版社，2010 年）。
蘇聖雄，《戰爭中的軍事委員會：蔣中正的參謀組織與中日徐州會戰》（台北：元華文創，2018 年）。
Acheson, Dean. *Present at the Creation: My Years in the State Department* (New York: W.W. Norton, 1969).
Crozier, Brian. *The Man Who Lost China: The First Full Biography of Chiang Kai-shek* (New York: Charles Scribner's Sons, 1976).
Eastman, Lloyd, Jerome Chen, Suzanne Pepper, Lyman van Slyke, *The Nationalist Era in China*, 1927-1949 (London: Cambridge University Press, 1991).
Gillin, Donald. *Last Chance in Manchuria: The Diary of Chang Kia-ngau* (Palo Alto, CA: Hoover Institute Publisher, 1989).
Lary, Diana. *Region and Nation: The Kwangsi Clique in Chinese Politics, 1925-1937* (London: Cambridge University Press, 1974).
——, *The Chinese People at War: Human Suffering and Social Tranformation, 1937-1945* (New York: Cambridge University Press, 2010).
Levich, Eugene William. *The Kwangsi Way in Kuomintang China, 1931-1939* (Armonk, NY: M. E. Sharpe. 1993).
Peraino, Kevin. *A Force So Swift: Mao, Truman, and the Birth of Modern China, 1949* (New York: Crown, 2017).
Rea, Kenneth W. and John C. Brewer ed., *The Forgotten Ambassador: The Reports of John Leighton Stuart, 1946-1949* (Boulder, CO: Westview Press, 1981).
Taylor, Jay. *Generalissimo: Chiang Kai-shek and the Struggle for Modern China* (Cambridge, MA: The Belknap Press of Harvard University Press, 2009).
Tanner, Harold M. *The Battle for Manchuria and the Fate of China: Siping, 1946* (Bloomington and Indianapolis, IN: Indiana University Press, 2013).
Topping, Seymour. *Journey Between Two Chinas* (New York: Harper & Row, 1972).
White, Theodore and Annalee Jacoby, *Thunder out of China* (London: Victor Gollancz Ltd., 1947).

六、專文

丁明俊，〈白崇禧與中國回教救國協會〉，《回族研究》，2015 年第3 期（總第99 期）。
王宏松，〈「兩廣事變」中蔣中正對兩廣的和戰態度〉，《國史館館刊》，第27 期（2011 年3 月）。
王奇生，〈湖南會戰：中國軍隊對日軍「一號作戰」的回應〉，《抗日戰爭研究》，2004年第3期。
白先勇，〈父親與民國：歷史照片中的身影〉，《傳記文學》，第100卷第6期（2012年6月）。
——，〈戰後東北之爭（下）〉，《溫故》，第12期（桂林：廣西師範大學出版社，2008年8月）。
白崇禧，〈白部長談國防部任務〉，《國防月刊》，創刊號（1946年6月）。
申曉雲，〈白崇禧與新桂系勢力的形成和崛起〉，《傳記文學》，第100卷第6期（2012年6月）。
朱宗震，〈一九四九年五月毛澤東的軍事部署——受美國制約的進軍〉，中國史學會、中國社會科學院（編），《近代中國與世界——第二屆近代中國與世界學術研討會論文集》，第一卷（北京：2000年）。
朱浤源，〈一九三〇年代廣西的動員與重建〉，《中央研究院近代史研究所集刊》，第17期下（1988年12月）。
——，〈白崇禧與北伐最後一戰〉，《中華軍史學會會刊》，第2期（1997年5月）。
呂芳上，〈民國史上的桂系——擴張型地方主義的思考〉，《傳記文學》，第101卷第1期（2012年7月）。
汪朝光，〈簡論一九四六年的國共軍事整編復員〉，《民國檔案》，1999年第2期。
肖自力，〈南京政府前期地方實力派的政治生存——以何鍵為中心〉，《歷史研究》，2014年第3期。
李敏杰，〈韓鍊成將軍〉，《西北軍事文學》，1991年第5期。
周恩來，〈談判使黨贏得了人心〉（1946年11月21日），《黨的文獻》，1996年第1期。
金沖及，〈較量：東北解放戰爭的最初階段〉，《近代史研究》，2006年第4期。
林桶法，〈戰後蔣介石、白崇禧關係的探討（1945-1950）〉，《國史館館刊》，第35期（2013年3月）。
段干木，〈李宗仁、白崇禧私通敵營戕害領袖的證據〉，《傳記文學》，第99卷第5期（2011年11月）。
姜克實，〈台児庄派遣部隊の再戦－第二回攻城〉，《岡山大学文学部紀要》，第67卷（2017年7月）。
——，〈台児庄の戦場における日本軍の装甲部隊〉，《文化共生学研究》，第15号（2016年3月）。
——，〈日本軍の戦史記録と台児庄敗北論〉，《岡山大学文学部紀要》，第63卷（2015年7月）。
——，〈台兒莊戰役日軍死傷者數考〉，《歷史學家茶座》，2014年第3輯。
馬仲廉，〈台兒莊戰役的幾個問題〉，《抗日戰爭研究》，1998年第4期。
唐柱國，〈「戰神」禮讚：白崇禧晚年的一些故事〉，《僑協雜誌》，第145期（2014年3月）。
高華（口述）、張明揚（訪問），〈高華談國民黨在軍事上的失敗〉，《上海書評》，第15輯（上海書店出版社，2009年9月13日）。
黃旭初，〈韓鍊成怎樣送掉四十六軍？〉，《傳記文學》，52卷6期（1988年6月）。
黃紉秋，〈韓鍊成其人其事〉，《傳記文學》，52卷6期（1988年6月）。
黃道炫，〈關於蔣介石第一次下野的幾個問題〉，《近代史研究》，1999年第4期。
陳立文，〈白崇禧與東北接收〉，《傳記文學》，第101卷第1期（2012年6月）。
陳永發，〈關鍵的一年——蔣中正與豫湘桂大潰敗〉，收於劉翠溶（編），《中國歷史的再思考》（台北：聯經出版，2015年）。
陳進金，〈「兩湖事變」中蔣介石態度之探討〉，《國史館學術集刊》，第8期（2006年6月）。
——，〈蔣桂戰爭的前因後果〉，《傳記文學》，第100卷第6期（2012年6月）。
陳崢，〈第三屆廣西學生軍與桂南會戰中的軍民合作〉，《抗戰史研究》，2014年第2期。
張世瑛，〈龍潭戰役的評價與反思〉，《中華軍史學會會刊》，第2期（1997年5月）。
——，〈蔣中正與戰時軍法體制的執行——以抗戰中期的三起貪污案件為例〉，《國史館館刊》，第55期（2018年3月）。
張良信，〈松花江畔的忠勇典範〉，《勝利之光》，第698期（2013年12月）。
張瑞德，〈欽差使命：沈宗濂在西藏（1943-1946）〉，《中央研究院近代史研究所集刊》，第67期（2010年3月）。
曾業英，〈蔣介石一九二九年討桂戰爭中的軍事謀略〉，《近代史研究》，2000年第2期（2000年3月）。
程玉鳳，〈光復初期台糖的銷售問題——十五萬噸敵糖的來龍去脈（1945-1947）〉，《國史館館刊》，第21期（2009年9月）。
程思遠，〈我所知道的白崇禧——在淞滬會戰中〉，《學術論壇》，第2期（南寧，1988年）。
馮杰，〈蔣介石、白崇禧與桂南會戰〉，《抗戰史料研究》，2017年第2期。
楊奎松，〈皖南事變的發生、善後及結果〉，《近代史研究》，2003年第3期。
——，〈一九四六年國共四平之戰及其幕後〉，《歷史研究》，2004年第4期。
楊維真，〈剿共與統一——論1935年中央改組貴州省政府事件〉，「辛亥革命九十週年國際學術研討會」會議論文（2001年10月）。
萬福增，〈血戰台兒莊－兼記孫連仲將軍〉，《傳記文學》，第107卷第1期（2015年7月）。
葉泉宏，〈韓鍊成投共之研究〉，《真理大學人文學報》，第6期（2008年4月）。
葉惠芬，〈唐生智與國民革命軍第八軍的建立〉，《國史館學術集刊》，第2期（2002年12月）。
劉熙明，〈國民政府軍在豫中會戰前期的情報判斷〉，《近代史研究》，2010年第3期。
劉弼，〈談「小諸葛」白崇禧〉，《傳記文學》，第12卷第3期（1972年3月）。
劉維開，〈北伐時期的白崇禧〉，《傳記文學》，第100卷第6期（2012年6月）。
蟄翁，〈舊夢依稀廿七年——西南大撤退之際白崇禧竟毫無作為！〉，《春秋》，第454期（1976年6月1日）。
鍾延麟，〈彭真與中共東北局爭論——兼論其與高崗、林彪、陳雲之關係（1945-1997）〉，《中央研究院近代史研究所期刊》，第91期（2016年3月）。
羅敏，〈蔣介石與兩廣六一事變〉，《歷史研究》，2011年1期。
Chaguan, "Losing hearts and minds," *The Economist*, Jan. 19, 2019.
Ramon Myers, "Frustration, Fortitude, and Friendship: Chiang Kai-shek's Reactions to Marchall's Mission," in Larry Bland ed., *George C. Marshall's Mission to China* (Lexington, VA: George C. Marshall Foundation, 1998).
Caroll Wetzel, "From the Jaws of Defeat: Lin Piao and the 4th Field Army in Manchuria," PhD dissertation, George Washington University, 1972.

七、報紙、期刊

《人民日報》（北京）
《大公報》（天津）
《大公報》（上海）
《大華晚報》（台北）
《中央日報》（南京）
《中國時報》（台北）
《公教周刊》（南京）
《申報》（上海）
《東京朝日新聞》（東京）
《新聞天地》（香港）
《廣西文獻》（台北）
《江蘇文獻》（台北）
《國聞週報》（上海）
《聯合報》（台北）
《觀察》（上海）
「民38年前重要剪報資料庫」，台北：國立政治大學圖書館藏。
New York Times

八、大事記、職名錄、辭典

徐友春（主編），《民國人物辭典》，上冊（石家莊：河北人民出版社，2007年）。
張朋園、沈懷玉（編），《國民政府職官年表（1925-1949）》，第1冊（台北：中央研究院近代史研究所，1987年）。

九、網路資料

（作者不詳），〈廣濟地區的阻擊戰〉，收錄於「抗日戰爭紀念網」，網址：http://www.krzzjn.com/html/12194.html（2018年8月11日點閱）。
曾節明，〈排斥白崇禧是蔣介石丟失大陸的人事原因〉，2009年4月4日，「博訊．曾節明文集」，網址：https://blog.boxun.com/hero/200904/zengjm/3_1.shtml（2020年4月29日點閱）。
楊津濤，〈「桂林保衛戰」究竟有多慘烈？〉，收錄於「騰訊網．短史記」，第149期：http://view.news.qq.com/original/legacyintouch/d149.html（2018年1月3日點閱）。
歷史真相記述者，〈抗日戰爭中最慘烈的一戰：桂林保衛戰〉，收錄於「壹讀」，網址：https://read01.com/zh-tw/46BaP8.html（2018年1月3日點閱）。
United Press International, "Gen. Pai Given Role as China Savior," Nov. 21, 1949. 網址：http://www.upi.com/Archives/1949/11/21/Gen-Pai-given-role-as-China-savior/7310467139108/（2019年4月2日點閱）。

作者簡介

白先勇

一九三七年生，廣西桂林人。台大外文系畢業，愛荷華大學「作家工作室」（Writer's Workshop）文學創作碩士。

白先勇為北伐抗戰名將白崇禧之子，幼年居住於南寧、桂林，一九四四年逃難至重慶。抗戰勝利後曾移居南京、上海、漢口、廣州。一九四九年遷居香港，一九五二年到台灣與父母團聚。一九六三年赴美留學、定居，一九六五年獲碩士學位，赴加州大學聖芭芭拉分校東亞語言文化系任教中國語言文學，一九九四年退休。一九九七年加州大學聖芭芭拉分校圖書館成立「白先勇資料特藏室」，收錄一生作品的各國譯本、相關資料與手稿。

白先勇是小說家、散文家、評論家、戲劇家，著作極豐，短篇小說集《寂寞的十七歲》、《台北人》、《紐約客》，長篇小說《孽子》，散文集《驀然回首》、《明星咖啡館》、《第六隻手指》、《樹猶如此》，舞台劇劇本《遊園驚夢》、電影劇本《金大班的最後一夜》、《玉卿嫂》、《孤戀花》、《最後的貴族》等。兩岸均已出版《白先勇作品集》。白先勇的小說多篇曾改編為電影、電視、舞台劇，並翻譯成多國文字。關於白先勇文學創作的研究，兩岸均不斷有學者投入，人數眾多，面向多元，形成白先勇文學經典化現象。

加大退休後，投入愛滋防治的公益活動和崑曲藝術的復興事業，製作青春版《牡丹亭》巡迴兩岸、美國、歐洲，獲得廣大迴響。從「現代文學傳燈人」，成為「傳統戲曲傳教士」。

二〇一四年在台灣大學開設《紅樓夢》導讀通識課程三個學期，將畢生對《紅樓夢》的鑽研體會，傾囊相授學子，深受兩岸學生歡迎。課程錄影先置台大開放式課程網站與趨勢教育基金會網站，供校內外人士點閱，之後並出版《白先勇細說紅樓夢》、策畫編纂《正本清源說紅樓》。

近十年開始致力整理父親白崇禧的傳記，二〇一二年出版《父親與民國——白崇禧將軍身影集》，在兩岸三地與歐美漢學界，都受到重視，並引起廣大迴響；二〇一四年出版《止痛療傷：白崇禧將軍與二二八》；與廖彥博共同輯整白崇禧將軍一生史料，完成著作《悲歡離合四十年——白崇禧與蔣介石》。

廖彥博

國立政治大學歷史系碩士，美國維吉尼亞大學歷史系博士班。

著有《三國和你想的不一樣》、《蔣氏家族生活祕史》、《個人旅行：西雅圖》、《時代之子：康熙》、《一本就懂中國史》、《止痛療傷：白崇禧將軍與二二八》（與白先勇合著）、《決勝看八年：抗戰史新視界》等；譯有《大清帝國的衰亡》、《中國將稱霸21世紀嗎？》、《謊言的年代：薩拉馬戈雜文集》、《漫遊中古英格蘭》、《OK正傳》、《流離歲月：抗戰中的中國人民》、《社群．王朝：明代國家與社會》、《中國的靈魂：後毛澤東時代的宗教復興》、《世紀中國：近代中國百年圖像史》、《悲歡離合四十年——白崇禧與蔣介石》（與白先勇合著，全三冊）等書。

白先勇作品

牡丹情緣
——白先勇的崑曲之旅

昔我往矣
——白先勇自選集

紐約客
——白先勇自選集

父親與民國
——白崇禧將軍身影集（上下冊）

止痛療傷
——白崇禧將軍與二二八

悲歡離合四十年：
白崇禧與蔣介石
——北伐・抗戰

悲歡離合四十年：
白崇禧與蔣介石
——國共內戰

書　　名　悲歡離合四十年：白崇禧與蔣介石——台灣歲月

作　　者　白先勇、廖彥博

責任編輯　林苑鶯

美術編輯　郭志民

出　　版　天地圖書有限公司
香港黃竹坑道46號
新興工業大廈11樓（總寫字樓）
電話：2528 3671　傳真：2865 2609
香港灣仔莊士敦道30號地庫（門市部）
電話：2865 0708　傳真：2861 1541

印　　刷　亨泰印刷有限公司
柴灣利眾街德景工業大廈10字樓
電話：2896 3687　傳真：2558 1902

發　　行　香港聯合書刊物流有限公司
香港新界大埔汀麗路36號中華商務印刷大廈3字樓
電話：2150 2100　傳真：2407 3062

出版日期　2020年10月／初版

ISBN ： 978-988-8549-10-8